Barbara Vödisch

Lady Nada
Botschaften der Liebe

DIE WEISSE BRUDERSCHAFT

Smaragd Verlag

Erich Fried „Was es ist" aus: Gesammelte Werke©Verlag Klaus Wagenbach 1983, NA 1998 s.a. aus: Es ist was es ist Verlag Klaus Wagenbach, Berlin 1983

Wir danken Jimi glas, Zart-Art-Verlag, sehr herzlich für die Verwendung des Titelbildes aus seinem wunderschönen Rosenbuch *Rose, du bist eine stetige und unermüdliche Herzensöffnerin.*

Bitte fordern Sie unser kostenloses Verlagsverzeichnis an

Smaragd Verlag
In der Steubach 1
57614 Woldert (Ww.)
Tel.: 02684.978808
Fax: 02684.978805
E-Mail: info@smaragd-verlag.de
www.smaragd-verlag.de

Oder besuchen Sie uns im Internet unter der obigen Adresse.

© Smaragd Verlag, 57614 Woldert (Ww.)
Deutsche Erstausgabe 1999
Fünfte Auflage Februar 2005
Cover: Jimi Glas/Xpresentation, Boppard
Satz: DTP-Service-Studio, Rheinbrohl
Printed in Czech Republic
ISBN 3-926374-75-6

Barbara Vödisch

Lady Nada
Botschaften der Liebe

DIE WEISSE BRUDERSCHAFT

Smaragd Verlag

Dieses Buch ist meinem Mann
Guido Vödisch
in Liebe gewidmet.

Ich bin aus tiefstem Herzen dankbar für das Geschenk und die
Gnade, mit ihm meinen Weg gehen zu dürfen -
getragen von Liebe, Wachstum, Unterstützung und einer
Vertrautheit, die jenseits aller Worte liegt.

––––––––

Weiterhin widme ich dieses Buch der
bedingungslosen Liebe,
die in uns allen lebt.

Möge sich die bedingungslose Liebe auf Erden ausbreiten,
und mögen wir uns geliebt und glücklich fühlen.

––––––––

Mein besonderer Dank gilt meiner Freundin
Christiane Levermann, durch die ich mich immer wieder
ermutigt gefühlt habe, mir und den mir übermittelten
Botschaften zu vertrauen.

Botschaft von Lady Nada,
empfangen am 2. April 1999 von Armando de Melo, als er ihr Bild malte.

Hier ist eine Rose, ohne Dornen - eine Rose der Liebe.
Wenn ihr euch nicht selbst oder andere lieben könnt, dann fangt wenigstens erst einmal damit an, die Natur zu lieben.
Alles, was ihr und die Erde jetzt durchmacht, wird ein Ende haben. Je mehr Menschen sich bemühen, in Richtung dieses Gefühls zu gehen, dieser reinen Liebe, um so schneller wird sich alles verändern.
Wir können in eure Entscheidungen nicht eingreifen, und wir können nur helfen, wenn wir darum gebeten werden. Es ist schwer, sich von der verkalkten Illusion zu trennen, aber es ist dennoch möglich. Sagt niemals, es sei unmöglich, es ist nur schwierig. Deshalb treten wir jetzt mit so vielen Menschen in Kontakt, die dafür offen sind, und durch sie können wir unsere Liebe und unseren Segen allen Menschen spenden, zumindest all denen, deren Herz sich für uns öffnet. Nur durch euer Herz können wir zu euch kommen!

Laßt den Geist Christi der Eine und Alles in jedem von euch sein!

Mit der Liebe des Allstrahlenden

Lady Nada

Inhalt

Was es ist

Es ist Unsinn
sagt die Vernunft
Es ist was es ist
sagt die Liebe

Es ist Unglück
sagt die Berechnung
Es ist nichts als Schmerz
sagt die Angst
Es ist aussichtslos
sagt die Einsicht
Es ist was es ist
sagt die Liebe

Es ist lächerlich
sagt der Stolz
Es ist leichtsinnig
sagt die Vorsicht
Es ist unmöglich
sagt die Erfahrung
Es ist was es ist
sagt die Liebe

Erich Fried

Zum Geleit

Seid gegrüßt, hier spricht Nada. Ich bin eine Botschafterin der Liebe. In diesem Buch möchte ich euch der Liebe näherbringen. Ich möchte euch zu der bedingungslosen Liebe führen. Die Energie, in der ich existiere, ist die der bedingungslosen Liebe.

So ist es meine Aufgabe, zum Thema Liebe in all seinen Facetten zu euch zu sprechen. Es mir eine große Freude, denn in Liebe zu existieren, in Liebe zu leben ist eine wunderbare Erfahrung, eine wunderbare Existenz und eine unglaubliche Freiheit. Meine Erfahrungen und meine Liebe möchte ich mit euch teilen und zu euch fließen lassen.

Ich möchte mit euch von Herz zu Herz in Verbindung treten in eine Kommunikation, die jenseits der Worte liegt, eine Kommunikation von Herz zu Herz. Liebe, die fließt, Liebe, die sich ergießt und Liebe, die euch durchströmt.

Liebe ist ein Wort und eine Energie, die in eurer Zeit und in eurer Gesellschaft immer notwendiger wird. Die Liebe wird sich auf eurer Erde mehr und mehr manifestieren können. Die Liebe, die alle Gegensätze in sich vereint, Gut und Böse aufhebt, Krieg in Frieden verwandelt, die Liebe, die euch so sein läßt, wie ihr seid.

Diese Energie der Liebe wird mehr und mehr in euch leben. Diese Liebe, die in jedem von euch existiert. Es gilt, euch an diese Liebe in euch zu erinnern. Viele eurer Probleme können durch die Energie der Liebe verwandelt werden. - Wenn ihr in der Welt des Dualen, in der Spannung der Polaritäten, lebt, ist es sehr schwierig für euch, in ein Gefühl der bedingungslosen Liebe einzutreten - in ein Gefühl des Einssein, in dem Gut und Böse, Richtig und Falsch nicht mehr existieren; in einen Zustand einzutreten, in dem alles so ist und sein darf, wie es ist.

In vielen Fällen könnt ihr eure Probleme nicht auf der Ebene lösen, auf der sie entstanden sind. In vielen Fällen ist es nicht möglich, die Begebenheiten, die Dinge zu verwandeln, wenn ihr nicht eintretet in einen Zustand bedingungsloser Liebe.

Ihr werdet euch fragen, wie komme ich dahin, was kann ich tun, um mich der Energie der bedingungslosen Liebe zu öffnen. Und hier gibt es eins, das wichtig ist zu verstehen: Ihr seid in Wahrheit frei. Alles, was ihr erlebt habt und erlebt, ist eure Entscheidung und euer freier Wille, und jede Situation, in die ihr zu gelangen scheint, habt ihr erschaffen. Es gibt und gab nie jemanden, der euch jemals zu irgend etwas gezwungen hat. All das, was existiert, all das, was ist, was in eurer Welt an Schönem wie an Schwierigem existiert, habt ihr erschaffen mit eurer Energie und eurer Kraft, und genauso habt ihr die Kraft und die Macht, euren Blickwinkel und eure Position zu verändern und auszutreten aus der von euch geschaffenen Situation.

Selbst wenn ein Problem unlösbar zu sein scheint, beginnt zu erkennen, daß ihr der Schöpfer dieser Situation seid und ihr somit auch die Person seid, die dieses Problem lösen kann. Und dann seht einmal, was es für euch aus dieser Situation zu lernen gibt. Ein Problem entsteht aus der Spannung, aus einer scheinbaren Unvereinbarkeit der Dualitäten. Es stehen sich zwei oder mehrere Teile, Sichtweisen, Aspekte, Meinungen gegenüber. Es gibt eine Spannung, und eure Aufgabe ist es, die zwei Seiten, die zwei Stimmen dieser Spannung und dieser Dualität zu hören und zu erkennen. Und dann ist ein nächster Schritt zu erkennen, daß beides existieren darf, daß beide Anteile in euch, im Innen wie im Außen, ihre Berechtigung haben. Es sind immer wieder Anteile in euch, die gehört und gesehen werden wollen. Alles, was im Außen geschieht, alles, was ihr im Außen erschafft und manifestiert, ist ein Spiegel dessen, was in euch lebt. So ist es einfach zu verstehen, daß ein Konflikt im Außen ein Konflikt in euch bedeutet, einen Konflikt in euch widerspiegelt. Und oft ist es eure menschliche Art, mit diesen Spannungen, mit diesen Situationen umzugehen, indem ihr ein Gut und Richtig, ein Besser und Schlechter findet und damit eine Wertung und einen Kampf um Macht ausübt. Es gibt kein Gewinnen und Verlieren. Es gibt nur zwei Kräfte, die existieren und die sich, wenn ihr sie annehmt in Ruhe und in Frieden, in der Energie der Liebe vereinigen können.

In der Energie der Liebe lösen sich alle Gegensätze auf. In der Energie der Liebe ist all das, was existiert, vollkommen.

So schaut einmal auf Probleme, auf Konflikte, die zu dieser Zeit in eurem Leben existieren. Wo gibt es die Spannung der Dualität, und wo beginnt ihr gegen all das, was ist, gegen all das, was existiert, zu kämpfen? Was wollen diese Kämpfe euch mitteilen? Versucht, ja zu sagen zu all dem, was in euch existiert.

Wißt ihr, all die Facetten von Menschen, all die Facetten von Eigenschaften, all die Facetten eurer bunten Welt leben in euch. Es gilt, euren Blickwinkel über die Vielfalt eures Selbst zu erweitern, laßt los von euren Identifizierungen, von der Identifizierung „Ich bin ein sanfter Mensch", oder: „Ich bin erfolgreich", „ich bin hart", „ich bin gefühllos", von all dem: „Ich bin so oder so."
Alle diese Facetten leben in euch. In euch existieren Energien der Wut. In euch existieren Energien des Hasses, Energien der Freude, Energien der Geduld und Energien der Liebe. In euch lebt die Energie der Zärtlichkeit, in euch existiert die Energie der Härte, die Energie des Ehrgeizes, die Energie der Macht, der Hilflosigkeit und der Ohnmacht. In euch existiert die ganze Palette der menschlichen Gefühle, des menschlichen Ausdrucks, und all das wirklich in jedem von euch. In jedem Menschen sind einige dieser Facetten, die stärker oder weniger stark gelebt werden. Sicherlich gibt es unterschiedliche Ausprägungen und Betonungen dieser Gefühle in jedem einzelnen von euch, und dennoch vergeßt niemals: Alle diese Gefühle - die ganze Palette - existiert in euch. Und das wirklich ausnahmslos in jedem von euch. Und das ist weder gut noch schlecht. Es ist so, wie es ist.
Und so macht euch frei von euren Identifizierungen. Es gibt Situationen, da ist es für euch angemessen, wütend zu sein für diesen Moment, ohne daß ihr euch für immer und grundsätzlich als einen wütenden Menschen betrachten müßt. Und genauso könnt ihr im nächsten Moment sehr liebevoll und zärtlich sein, und im nächsten Moment, ob bewußt oder unbewußt, in der Energie, andere Menschen zu manipulieren, und im nächsten Mo-

ment in einem Aspekt bedingungsloser Liebe. Ihr seid weder das eine noch das andere. Ihr seid alles und nichts.

Seht euch als vielschichtige und vielfältige Wesen. Erweitert euren Horizont und schaut einmal, womit identifiziere ich mich, womit identifiziere ich mich nicht. Es sind sehr interessante Informationen für euch. Sie können euch zeigen, welche Aspekte ihr in eurem Leben ausspart, welche Anteile ihr in euch nicht lebt und welche Gefühle ihr nicht zuläßt. - Und versteht: Alles, was existiert, ist gut, so wie es ist. Ihr braucht euch nicht schämen, wenn ihr machtvoll sein wollt, wenn ihr zerstörerisch seid. Ihr braucht euch nicht für eure negativen - aus eurem Blickwinkel - Seiten schämen. Es ist ein Teil eures Menschseins, und alle diese Gefühle sind nur „gefährlich", wenn ihr euch zu sehr oder überhaupt nicht mit ihnen identifiziert. Ihr braucht diesen Gefühlen nicht eure ganze Energie zu geben. Ihr könnt sie wahrnehmen, sie in Liebe annehmen und sie dann wieder gehen lassen. Beginnt ihr euch mit ihnen zu identifizieren, dann seid ihr nicht mehr frei und gebt dieser Energie Macht, Macht über euch.

Ich möchte mit euch auch über das Thema Macht sprechen. Vielleicht wundert ihr euch, in einem Buch der bedingungslosen Liebe das Thema Macht zu finden. Es ist ein sehr zentrales Thema, ein sehr zentraler Punkt. Die Energie der Macht, der Kraft, ist an sich nichts Schreckliches; sie braucht nicht zerstören. Es ist die Frage, wie ihr mit dieser Energie umgeht. Wenn ihr Angst vor ihr habt, zerstört sie, ebenso wenn ihr zu sehr in sie eintretet und euch mit ihr identifiziert.

Wenn ihr die Macht das sein laßt, was sie ist, nämlich Energie, ein Aspekt eures Selbst, der euch in diesem Moment dient und der ihr in diesem Moment seid, dann kann sie euch helfen und ihr seid frei.
Das Wort Macht ist bei vielen von euch sehr negativ besetzt. Macht wird oft nur in Zusammenhang mit Unterdrückung ge-

bracht. Viele von euch machten so schmerzhafte Erfahrungen, und ich meine nicht nur den Schmerz derjenigen, die unterdrückt, die gequält wurden. Ich meine auch den Schmerz derer, die unterdrückt und gequält haben. Beide Seiten empfinden Schmerz, denn beide Seiten haben Angst. Der Unterdrücker ebenso wie der Unterdrückte. Beide sind gefangen in dem Bewußtsein des Mangels und daß nur der überlebt, der stark ist und sich durchsetzt. Es ist ein Fehlen des Bewußtseins der Energie der Fülle und des Reichtums und ein Nichtvertrauen in das Geborgensein, das Aufgehobensein und das Versorgtwerden durch eine göttliche Energie, die alle nährt und alle Menschen nebeneinander in voller Größe und vollem Reichtum leben läßt. In der Energie der Liebe darf alles existieren, darf alles sich entfalten. Es gibt genug Platz und Raum für alle. In der Energie der Liebe kann jeder seinen Platz und seine Größe leben, ohne daß irgend jemandem etwas genommen wird.

In euren Gedanken und euren Gefühlen existiert sehr stark ein „entweder oder". Entweder der oder ich, entweder ich schaffe es oder nicht, entweder oder, entweder oder, entweder oder. Vielleicht beginnt ihr einmal, euer Denken zu verändern, und wenn ihr ein entweder oder, ein besser oder schlechter entdeckt, dann setzt dem entgegen und, und - und auch das existiert und darf existieren. Seht die Fülle. In der Wahrnehmung der Fülle und der Vielfalt eures Selbst liegt das Annehmen eurer eigenen Kraft und Macht. Ihr lebt eure Kraft und das, was ihr seid, eure eigene Macht, ohne die Ausrichtung, daß einer gewinnen muß und einer das Opfer ist. In der Energie eurer eigenen Macht könnt ihr „ja" sagen, könnt ihr „nein" sagen, könnt ihr lieben, könnt ihr euch ärgern, könnt ihr all das sein, was in euch lebt, frei und selbständig in eurer Verantwortung.

Viele von euch wollen ihre eigene Kraft und Macht nicht annehmen, weil ihr Angst habt, zu zerstören, weil ihr Angst habt, euch verletzbar zu machen. Wißt ihr, daß ihr viel mehr verletzt, wenn ihr eure Macht abgebt? Ihr verletzt euch selbst, ihr beschneidet euch in eurem göttlichen Potential. Es ist wirklich ein Schmerz, den ihr vielleicht nicht bewußt wahrnehmt. Aber es ist ein

Schmerz. Es ist euer Wunsch, euch in eurer Vielfältigkeit zu erleben, in eurer ganzen Kraft und Macht. Und ihr werdet kein Glück finden, wenn ihr nicht eure Kraft und Macht annehmt. Es ist nicht nur, daß ihr kein Glück finden könnt. Wenn ihr eure Macht nicht annehmt, zerstört ihr. Es ist nicht so, daß sie einfach so verschwindet, diese Energie, wenn ihr sie nicht annehmt.

Es gibt viele Möglichkeiten, Macht unbewußt auszuüben. Es gibt viele Arten der Manipulation. So viele versteckte Formen, an die ich euch erinnern möchte. Die Energie des Rückzugs ist sehr kraftvoll und machtvoll. Ihr könnt andere Menschen damit verletzen, zurückstoßen und sie manipulieren, genauso wie wenn ihr offensichtlich versucht, jemanden zu beeinflussen, zu unterdrücken und über ihn zu bestimmen. Es gibt eine aktive und eine passive Seite der Machtausübung. Und wenn ihr eure Macht nicht annehmt, übt ihr sie passiv und unbewußt aus, oft ohne daß euch dies auch nur für einen Moment bewußt ist. Es ist für die anderen Menschen bewußt oder unbewußt spürbar.

Es gibt viele Menschen, die nicht einmal schreien, die nicht einmal versuchen, auf einer bewußten Ebene über jemand anderen zu bestimmen und ihn zu unterdrücken und nicht bewußt Macht ausüben. Und trotzdem können sie so unglaublich mächtig sein, indem sie vielleicht moralisieren, den anderen Menschen ein schlechtes Gewissen machen, in dem diese dann verharren und als Opfer leben.

In den Opferrollen liegt so viel Macht, soviel zerstörerische Macht. Zerstörerisch für den Täter wie auch für das Opfer selbst. Opfer nehmen ihre Macht nicht an und zerstören doch. Sie nehmen ihre Macht der Verantwortung nicht an. Sie glauben daran, daß jemand Macht über sie hat und mächtiger ist als sie. Das ist ein Irrtum. Alles, was passiert, alles, was mit euch geschieht, ist eure Verantwortung und eure Macht, Geschehnisse und Dinge zu erschaffen und zu manifestieren. Opfer geben ihre Macht ab. Eine Kraft, die ihr zum „Positiven" einsetzen könnt, eine Kraft, die bewegen kann, eine Kraft, die dynamisch ist, die erschaffen kann. Beginnt eure Macht anzunehmen und zu sehen, was ihr alles erschaffen könnt und bereits erschaffen habt durch eure Gedanken, durch eure Gefühle und durch euer Sein. Wenn ihr eure negativen Erfahrungen selbst erschaffen habt und ihr das begreift und anerkennt und die Verantwortung dafür übernehmt, dann könnt ihr genauso diese Kraft, diese Macht, die eure negativen Erfahrungen erschaffen hat, nutzen, um sie zu wandeln in eine Macht, in eine positive Kraft,die „Schönes" erschafft, die erschaffen kann, was euch selbst und eurer Seele entspricht.

Wenn ihr eure Macht annehmt, könnt ihr euch das erschaffen, was ihr euch wünscht. Ihr könnt und werdet kein Opfer sein.

Ihr könnt fühlen, was euch wirklich entspricht, und ihr könnt es euch erschaffen.

Macht euch einmal Gedanken darüber, was eure Träume sind, eure Wünsche in eurem Leben. Beginnt nicht klein zu denken. Denkt groß. Laßt in eurer Vorstellung eure wunderbarsten Träume und Wünsche erscheinen. Wie sehen diese aus? Wie sehen sie aus im Bereich der Gefühle zu euch selbst? Wie sehen sie aus in Beziehungen zu anderen Menschen, mit einem einzelnen Partner, zu Freunden, zu Kindern usw.? Was gibt es für Träume und Wünsche in Verbindung mit einer beruflichen Karriere, einer beruflichen Existenz? Ist es ein Traum, bekannt und erfolgreich zu sein, oder ist es vielleicht ein Traum, in möglichst wenig Zeit so viel Geld zu verdienen, damit ihr andere Dinge tun könnt? Schaut, was entspricht euch und eurer Seele in allen Bereichen eures Lebens.

Ihr könnt euch euer Leben so gestalten, wie ihr es euch wünscht in jedem Moment, zu jeder Zeit. Und so beginnt zu erkennen, daß es eure Macht ist, eurer Leben so zu gestalten wie ihr es euch wünscht. In diesem Leben, nicht gestern, nicht morgen. Jetzt!

Sorgt für euch, sorgt dafür, daß ihr ein erfülltes Leben führt. Sorgt dafür, daß ihr euer Leben und euch selbst liebt. Es gibt niemanden, der dies für euch tun kann. Es gibt keinen Gott, der

Schicksal spielt, es gibt keinen Menschen, von dem ihr abhängig seid zur Erfüllung eures Glücks. Die ganze Kraft, die ganze Macht des Glücklichseins, ein Leben in Liebe und Frieden, liegt in eurer Hand. Nehmt euch an so, wie ihr seid, in diesem Moment. Es gibt kein Gestern. Beginnt euch zu öffnen für das, was ihr euch tief in euerem Innern wünscht, was euer Traum, was die Liebe eures Herzens ist. Laßt euch führen auf diesem Weg. Wenn ihr eure eigene Macht annehmt, wenn ihr das annehmt, was ihr seid, lebt ihr eure Liebe. Ihr geht den Weg der Liebe. Liebe und Macht schließen sich nicht aus. Auch Liebe und Macht gehören zusammen. So wie alles andere, das existiert, zur Liebe gehört, denn die Liebe umfaßt alles und vereinigt alles in sich, alle Aspekte menschlichen Seins und alle Aspekte, die in allen Universen existieren. Wenn ihr euch liebt, seid ihr in eurer eigenen Kraft und Macht. Ihr könnt erschaffen in Übereinstimmung mit eurem göttlichen Selbst, mit der göttlichen Kraft. Gerade zu diesem Zeitpunkt ist es so wichtig, ihr Menschen, die ihr dieses Buch lest und euch geistigen Welten öffnet und hohe Ideale in euch tragt. Es ist so wichtig, daß ihr erkennt, daß ihr euch und eure Kraft und Macht lieben sollt. Natürlich kann es sein, daß ihr jemanden verletzt; natürlich kann es sein, daß ihr nicht immer das richtige Maß findet; natürlich kann es sein, daß ihr unterdrückt. All das ist nicht schlimm. Es ist eure Erfahrung, und aus ihr könnt ihr lernen.

Und an diesem Punkt möchte ich gerade mit euch darüber sprechen, wie wichtig es ist, eure geistigen Ideen, eure Verbindung zu höheren Welten und eure Ideale auf die Erde zu bringen. Es bringt euch nichts, wenn ihr nur nach „Höherem" strebt und euch nicht mit der Erde verbindet. Ihr sollt die Liebe auf der Erde leben. Ihr könnt niemals bedingungslose Liebe fühlen, wenn ihr all das Irdische oder die verschiedenen Aspekte des Irdischen ablehnt. Und es ist wichtiger denn je, denn es ist die Zeit gekommen, daß die Energie feinstofflicher Welten, die Energie einer Existenz in bedingungsloser Liebe, mehr und mehr zu euch auf die Erde geleitet und von und durch euch Menschen manifestiert wird.

Es geht nicht darum, euch diesen Welten und dieser Energie zu öffnen, indem ihr mit eurer Energie aus eurem Körper nach „oben geht" auf Reisen. Es ist wichtig, daß ihr euch der Energie der bedingungslosen Liebe öffnet, sie in euch einfließen laßt und durchfließen laßt durch eure Füße, durch eure Hände, die auf der Erde mit dieser Energie neue Formen erschaffen.

Es ist die Zeit, daß die Energie der Liebe sich in euren Schulen, in euren Firmen, in eurer Gesellschaft, in all euren Strukturen manifestiert. Diese Zeit ist gekommen, und ihr Menschen, die ihr meine Botschaften lest, erinnert euch: Jeder von euch hat die Aufgabe, diese Energie der Liebe zu leben und zu manifestieren, nicht nur in Beziehungen, sondern in allem, was existiert. Alle eure alten Strukturen in der Politik, in den Firmen, in den Schulen, überall, wo ihr hinschaut, wollen verwandelt werden. Jedoch nicht, indem ihr etwas Abstraktes, weit Entferntes, was absolute Zukunftsmusik ist, mit Gewalt versucht zu erschaffen. Nein, ihr sollt in Liebe annehmen, was um euch herum existiert, und dann, wenn ihr die Liebe für das, was in dem Moment ist, fühlen könnt, eine Anerkennung, eine Dankbarkeit auch für die Form, die bis jetzt existiert hat, dann könnt ihr ganz im Kleinen und im Großen, Schritt für Schritt beginnen, in Demut und in Verbindung mit der Energie der Liebe Veränderungen zu bewirken.

Viele von euch hören von den großen Veränderungen und Umwandlungen, die auf der Erde geschehen und geschehen sollen. Es wird nicht so sein, daß es einen totalen Bruch gibt und ihr auf einmal völlig anders existiert. Das ist auch nicht das Ziel, das ihr anzustreben habt. Befreit euch davon. Seid in dem Moment, den ihr gerade lebt, in Liebe und in Anerkennung für das, was ist. Und fangt an mit kleinen, liebevollen Schritten, und ihr werdet wandeln mit der Liebe, die annimmt, die anerkennt, was ist, und trotzdem Neues erschafft. So werdet ihr viel mehr bewegen können. Es ist wirklich konkretes, praktisches Leben und Handeln in Liebe von euch Lichtsuchenden gefragt.

Ihr seid es, die helfen können, die Welt zu verändern, aber nicht, indem ihr nur philosophiert und meditiert, ohne im konkreten, praktischen Leben auch dementsprechend zu handeln. Ihr braucht gar nicht so viel zu tun und euch anzustrengen. Es ist vielmehr ein Verändern im Gewahrsein der bedingungslosen Liebe. Es ist nichts Revolutionäres, nichts Zerstörerisches. Ihr könnt einmal den Bereich um euch herum betrachten und schauen. Wo habt ihr den Glauben an die Liebe verloren im ganz Alltäglichen, in ganz kleinen Dingen? Wo habt ihr euch abgefunden, aufgegeben, und wo könnt ihr euch und eure Form der Liebe im Kleinen wie im Großen ausdrücken? Und wenn ihr glaubt, ich bin zu klein und ich habe nicht genug Macht, ich kann nichts verändern und es gibt schon in der Politik „Große", es gibt schon „Große" im Management - vielleicht wartet eine große Aufgabe auf euch, eure Energie zu manifestieren, eine neue Form zu erschaffen, eine neue Form des Neuen Zeitalters, die erfüllt ist mit der Energie der Liebe.

Jeder ist hier gefragt. Ihr seid nicht so klein und machtlos. Ermächtigt euch. Ermächtigt euch der Liebe und des Wunsches, dem Göttlichen auf Erden zu dienen. - Und das nicht in einer abgehobenen Form, sondern ganz konkret in eurem Leben.

Ich habe eine Vision und ein Wissen um ein neue Welt, um neue Strukturen, genährt von der Energie der bedingungslosen Liebe. Wir geistige Wesen - zum Teil Aufgestiegene Meister mit erfahrenen menschlichen Inkarnationen - können die Energie der Liebe ohne eure Hilfe nicht auf der Erde manifestieren. Ihr seid der Kanal. Ihr seid die Mittler zwischen Himmel und Erde. Und die Energie des Himmels und der Erde vereint sich in euren Herzen. In der Energie der Liebe existierten wir nicht in einer anderen Welt. In der Energie der Liebe sind alle Menschen und alle Wesenheiten des Universum eins. Es gibt keinen Unterschied. Und wenn ihr euch mit der Energie bedingungsloser Liebe verbindet, dann werdet ihr jederzeit mit mir in Kontakt treten können. Auch ich bin keine abstrakte, weit entfernte Energie. Auch meine Energie könnt ihr euch auf die Erde holen. Himmel und Erde vereinen sich im Herzen. Die Welten des Himmels, in ihrer Feinstofflichkeit und in ihrer Existenz der bedingungslosen Liebe, wollen sich austauschen mit der Welt der Erde und ihrer Existenz in Form und ihrer Existenz in der Dualität. Der Himmel und die Erde wollen sich vereinigen, wollen zusammenfließen, wollen eins sein und zurückkehren zu einem einzigen Sein, zum Ursprung, zum Sein in vollständigem göttlichen Gewahrsein.

Die feinstofflichen Energien des Himmels spüren eine Anziehung zur Erde, um sich zu vervollständigen, um sich weiterzuentwickeln und irgendwann zur Quelle zurückzukehren. So seid ihr Menschen gefragt, die Energien des Himmels und der Erde wie durch einen Kanal durch euren Körper fließen zu lassen, damit sie sich im Herzen vereinigen und über die Energie der bedingungslosen Liebe zur göttlichen Quelle zurückkehren.

Die Energie der bedingungslosen Liebe vereint die Kräfte des Himmels und der Erde.

Und so ihr Menschen, um in die Energie der bedingungslosen Liebe einzutreten, ist es wichtig für euch, euch ebenso dem Himmel mit den feinstofflichen Welten und der göttlichen Kraft zu öffnen, wie auch dem Grobstofflichen, dem Verdichteten und der Existenz in Form auf der Erde. Wenn ihr diese beiden Pole als gleichberechtigt und wertvoll anerkennt und sie miteinander in Verbindung bringt und beide ehrt, dann könnt ihr in die Energie der bedingungslosen Liebe eintreten.

Die Energie der bedingungslosen Liebe ist ein Raum, in dem nichts außer euch existiert, und gleichzeitig alles mitexistiert, was in allen Universen zu finden ist.

Die bedingungslose Liebe in eurer Welt zu leben und zu manifestieren heißt, die Schönheit und die Vollkommenheit in allem zu sehen, was auf eurer Erde existiert, ausnahmslos in allem. Es ist für euch, für die Entwicklung der Erde und des ganzen Universums wichtig, daß ihr kein Besser oder Schlechter, keine Trennung zwischen feineren und gröberen Energien und zwischen all dem, was existiert, erschafft. Lernt, das Kochen im Alltag zu lieben und mit göttlicher Energie zu füllen; das Essen, das euren Körper nährt, der auf der Erde lebt und euer Gefährt ist, die Arbeit, die Probleme und auch den Streit. All das ist in Ordnung.

Das heißt nicht, daß ihr nichts mehr tun sollt und auch nicht, daß es nicht immer wieder Momente gibt, in denen ihr nicht lieben könnt. Auch das ist in Ordnung.

Es ist kein Ziel, es ist kein Weg, euch der bedingungslosen Liebe zu versprechen und euch innerlich zu bestrafen, wenn ihr nicht bedingungslos liebt. Ihr seid Menschen. Akzeptiert und liebt eure menschlichen Gefühle und menschlichen Prägungen und seien sie in euren Augen noch so unvollkommen. Das ist die Liebe, die bedingungslose Liebe zu der Erde und zu euren menschlichen Unvollkommenheiten. Es ist leicht, das zu lieben, was ihr mögt. Und es ist schwer, euch selbst zu lieben, wenn ihr Angst habt, wenn ihr Konkurrenz verspürt; euch zu lieben, wenn ihr wütend seid und neidisch, wenn ihr manipuliert, wenn ihr euch hilflos und klein fühlt. Es geht nicht darum, diese Gefühle verschwinden zu lassen. Es ist auch für euch Menschen nicht möglich. Es gilt, zu leben und anzunehmen, daß ihr eben alle diese Gefühle, all diese Facetten des irdischen Menschseins in euch tragt. Wenn ihr nach perfekten Formen, der perfekten Liebe, der perfekten bedingungslosen Liebe strebt, werdet ihr sie verfehlen.

Ihr könnt einmal den strengen Richter und den Moralapostel in euch betrachten. Die Stimme in euch, die von euch Perfektionismus, Hochleistung und keinen Fehler erwartet. Auch diese Stimme wird immer da sein, nehmt sie nicht zu ernst. Ihr seid nicht nur der Richter. Ihr existiert in so vielen Facetten. Dies ist ein Aspekt für einen Moment. Ihr braucht euch damit nicht zu identifizieren. Laßt los und sagt: „Das bin ich in diesem Moment. In diesem Moment habe ich Angst, und das ist in Ordnung, und in diesem Moment fühle ich mich klein, und das ist in Ordnung, und in diesem Moment habe ich jemanden verletzt. Das bin ich in diesem Moment. Und gleichzeitig bin ich es nicht."

Ich kann euch immer wieder mit der ganzen Liebe meines Herzens sagen, wie wichtig es ist, alle die Dinge, die in euch leben und die zu eurem Menschsein gehören, nicht verändern zu wollen. Ihr habt diese Gefühle, ihr seid auf der Erde. Und das ist genauso, wie es zu sein hat.

Lernt, euer Dasein auf der Erde zu lieben.
Lernt, es zu lieben, ein Mensch zu sein.
Lernt, es zu lieben in dieser Situation,
zu diesem Zeitpunkt geboren zu sein.
Lernt, es zu lieben, euer Leben.
Lernt, es zu lieben euer Leben mit all der Unvollkommenheit,
die ihr seht und die gleichzeitig so vollkommen ist.
Lernt, es zu lieben, euer Leben
Lernt, sie zu lieben, eure Aufgabe
Lernt, euch zu lieben.
Lernt, zu erkennen, daß der Himmel in den irdischen Dingen
lebt, daß Gott in all euren Gefühlen,
in all dem, was auf eurer Erde existiert, lebt.
Vereinigt immer wieder den Himmel und die Erde
mit all den Energien, die mit ihnen verbunden sind,
in eurem Herzen.
Erinnert euch daran, euer Leben jeden Tag zu lieben.
Es lebe die Liebe.
Es lebe die Unvollkommenheit, die so vollkommen ist.
Es lebe alles, was existiert.

Ich liebe euch und eure Leben, ich liebe euren Ärger, euren Zorn. Ich liebe eure Angst. Ich liebe eure Freude und euer Lachen. Ich liebe all das, was existiert, mit der ganzen Kraft meines Herzens. Und ich bin immer bereit, euch mit meiner Liebe zu unterstützen und zu versorgen. Ich, Nada, lebe in euch und euren Herzen. Ihr könnt immer zu mir sprechen. Ihr könnt mich rufen. - Nada, eure Begleiterin auf dem Weg der Liebe.

Nada, Nada, Nada.
Liebe, Liebe, Liebe.

Spürt immer wieder, wie meine Energie in euch lebt, und meine Energie ist nicht wirklich meine Energie. Ich bin ein Aspekt, ein kollektiver Aspekt bedingungsloser Liebe. Letztendlich existiert kein „ich". Nada, das ist der Name, mit dem ihr diese Energie rufen könnt. Es gibt auch andere Möglichkeiten.

Nada ist ein Name, und die Schwingung dieses Namens entspricht ein Stück dieser Energie. Energie ist einfach Energie, und sie wird durch Worte in eine Form gebracht.

Die Wunden des Herzens heilen

Ich möchte euch von der Liebe erzählen, damit ihr euch mehr und mehr an die reine, bedingungslose Liebe erinnert.
Jedem von euch sind in seinem Leben Verletzungen - tiefe Verletzungen - widerfahren. Sei es in der Form, daß eure Wünsche, eure Gedanken und Gefühle, euer Potential nicht geachtet wurden; ihr mißbraucht wurdet, sei es körperlich oder seelisch. Es sind der Verletzungen so viele. So viele Narben und Wunden befinden sich in euren Herzen, die es vielen von euch erschweren, ihr Herz wieder zu öffnen; - so geöffnet, wie es war, als ihr auf den Planeten Erde geboren wurdet.

Um euer Herz wirklich öffnen zu können, öffnen zu können für die Liebe, ohne Bedingungen, für die Liebe, die einfach ist und frei und offen aus euren Herzen fließt; um diese Liebe fühlen und ergießen zu können, ist es notwendig, eure Wunden und Verletzungen wahrzunehmen, sie anzunehmen und ihnen und damit euch und eurem Herzen zur Heilung zu verhelfen. Es ist unumgänglich, noch einmal den Schmerz dieser Verletzungen zu spüren und euch selbst in diesem Schmerz und dieser Verletzung mit Fürsorge, Wärme und Annahme zu begegnen. Seid euch selbst in diesem Punkt liebevolle Eltern, so daß eure Wunden und Schmerzen durch die Liebe, die ihr ihnen gebt, geheilt werden können. Wenn eure Angst sehr groß ist, den Schmerz wieder zu fühlen und davon zerrissen und weggeschwemmt zu werden, vergeßt nicht, ihr seid stark genug um das, was an Gefühlen kommen wird, zu halten. Es wird sowieso nur soviel kommen und ihr werdet nur soviel zulassen, wie ihr bewältigen könnt. Geht voll Vertrauen durch diesen dunklen, engen Tunnel - und mag er noch so dunkel sein und so belastend.
Wenn ihr hindurchgeht, werdet ihr am anderen Ende dem wunderschönen, hellen, klaren und friedlichen Licht begegnen, und euer Herz wird sich ein Stück mehr öffnen für die Schönheit und Einzigartigkeit eures Selbst und das Annehmen und Lieben von allem, was ist. Glaubt mir, ihr werdet belohnt werden, wenn ihr

euch den Verwundungen und Schmerzen eures Herzens stellt. Es werden sich neue Reiche für euch öffnen. Was ihr wirklich tun könnt, ist in dieser Art und Weise an euch zu arbeiten. Die Liebe, das Gefühl, mit allem Sein verbunden zu sein, läßt sich nicht erzwingen. Sie kommt wie ein Schmetterling, läßt sich nieder und gibt euch tiefen Frieden und Glückseligkeit. - Und dann eine Zeit später verschwindet sie. Sie läßt sich nicht einfangen - nicht festhalten. Sie ist, weil sie ist.

Ich bin voll Mitgefühl, wenn ich die Verwundungen eurer Herzen sehe. Da ist so viel Schmerz, daß ihr oft zu Recht das Gefühl habt, ihn nicht aushalten zu können. Diese Wunden wünschen Heilung und warten auf euch, die ihr die Heiler eben dieser Wunden seid. Niemand anderes als ihr kann diese Wunden heilen. Auch wenn euch im Außen diese Wunden von anderen Menschen zugefügt wurden, so habt doch ihr euch selbst verwundet, und genauso kann euch jetzt die Hilfe zum Heilen eurer Wunden von anderen Menschen nur zuteil werden, wenn ihr in eurem Inneren wirklich bereit dazu seid und es wirklich wollt. Euer Weg zu Ganzheit und Einheit führt über die Heilung der Wunden eures Herzens. All die Schmerzen dieser Wunden trennen euch vom Göttlichen, all die Schmerzen eurer Wunden verursachen euer Leid. Die Zurückweisungen, die Verletzungen und diese manchmal unerträglichen Schmerzen bringen euch dazu, andere zurückzuweisen, andere zu verletzen und anderen Menschen Wunden zuzufügen, und letztendlich fügt ihr euch diese damit selbst zu.

Eine Wunde ist oft das Gefühl, nicht genug geliebt zu werden, nicht liebenswert zu sein und die Liebe von anderen und von euch selbst nicht verdient zu haben. Aus diesem Gefühl heraus, nicht genug geliebt zu werden, sind viele eurer Handlungen bestimmt. Ihr tut so viel, um anerkannt und geliebt zu werden, um euch nicht einsam zu fühlen und mit den anderen verbunden zu sein. Wenn ihr euch selbst liebt, lebt ihr in dem Bewußtsein:

Ich bin wie ich bin, und ich liebe mich so wie ich bin.
Ich brauche mir die Liebe anderer und die Liebe
zu mir selbst nicht verdienen.
Allein weil ich bin, so wie ich bin, liebe ich mich
und werde geliebt.

Das ist ein ganz zentraler Punkt, um den sich viele eurer Probleme drehen. Ihr wißt selbst aus eigener Erfahrung:
So viele Menschen können zu euch sagen: „Ich liebe dich, du machst das wunderbar, du machst das gut" - und ihr könnt es trotzdem nicht glauben, - nicht wirklich in euch spüren. - Wenn ihr im Außen alles tut, um geliebt zu werden und die anderen euch dafür vielleicht wirklich „lieben", ihr jedoch diese Liebe nicht in euch selbst empfinden könnt, wird sich keine wirkliche Zufriedenheit und Glücksseligkeit in euch ausbreiten können.
Natürlich ist es nicht unwichtig, von anderen geliebt und anerkannt zu werden, doch dieses Gefühl von Einheit und Glück, das ihr euch darüber erhofft und wünscht, könnt ihr wirklich nur fühlen, wenn ihr selbst euch ebenso liebt. Sonst schwebt es an euch vorbei, gibt euch möglicherweise kurze Befriedigung und hinterläßt trotz alledem ein fades Gefühl.

Ich möchte euch auffordern, mehr Energie für die Liebe zu euch selbst zur Verfügung zu stellen. All die Energie, die ihr nach außen gebt, um von anderen anerkannt und geliebt zu werden - gebt sie in die Entdeckung, in das Fühlen und Erarbeiten der Liebe zu euch selbst. Nichts in eurem Leben, nichts in eurem ganzen Universum wird euch eine solche Befriedigung und Erfüllung geben können wie die Liebe zu euch selbst und das Gefühl, in Einklang zu sein mit eurer göttlichen Bestimmung und eurer göttlichen Essenz. Nur dann werdet ihr euch wirklich geliebt und nicht mehr einsam fühlen.
In dem Moment seid ihr verbunden mit allem, was ist. In dem Moment könnt ihr die Liebe von einem anderen zu euch selbst annehmen. Das ist eure göttliche Bestimmung, euer göttliches Recht, zu lieben und geliebt zu werden.

Betrachtet einmal euer Leben und seht, wie ihr handelt, um geliebt und anerkannt zu werden. Werdet euch dessen mehr und mehr bewußt und entlarvt dieses Spiel, in das ihr immer wieder einmal eintreten werdet. Seid euch bewußt, ihr könnt zu jeder Zeit wieder austreten und zu der Liebe zu euch selbst, die ihr nicht verdienen müßt, die einfach nur ist, zurückkehren. Verabschiedet euch von Bildern in euch, wie ihr zu sein habt, um geliebt zu werden. Nehmt diese Brille, diesen Blickwinkel der Illusion von euch. Erwacht aus diesen unwirklichen Träumen. Greift zurück und vertraut auf das, was ihr in jedem Moment seid; nicht auf das, was ihr nach eurer Meinung und nach der Meinung der anderen in bestimmten Momenten sein solltet. Vertraut dem, was in euch ist in jedem Moment - und wenn es Wut ist, und wenn es Neid ist, und wenn es Eifersucht ist. Liebt euch selbst mit dem, was ihr seid in diesem Moment!

In dem, was ihr fühlt, in dem, was passiert, in dem, was ihr kreiert, liegt eine unermeßliche Weisheit. In den wenigsten Momenten ist wirklich eine äußere Veränderung gefragt, sondern das Seinlassen dessen, was ist. Ihr investiert oft so viel Kraft in das, was ihr denkt, das sein sollte. Letztendlich ist diese Energie vergeudet. Nehmt diese Energie, damit das, was gerade ist, leben und blühen kann.
Natürlich gibt es Situationen, in denen Veränderungen notwendig sind. Doch in eurer Vorstellung liegt Veränderung oft in einem „Andersmachen" in einem "Verändern" der Dinge. Aus meiner Sicht liegt eine Veränderung viel öfter in einem Seinlassen dessen, was ist, durch eine Veränderung eures Blickwinkels, durch ein Annehmen dessen, was ist. Werdet euch bewußt, wieviel Energie ihr oft investiert, um Gefühle, Situationen und Menschen zu verändern, anders haben zu wollen, anstatt sie sein zu lassen, euer Herz zu öffnen und euren Blickwinkel in Liebe zu verwandeln.
Ihr glaubt oft, daß die Situationen anders sein müssen, die äußeren Begebenheiten sich verändern müssen, und ich sage euch: Euer Blickwinkel und euer Gefühl bedürfen dann einer

Wandlung. Es wird in eurem Leben niemals „optimale" Um-/Zustände geben, wenn ihr nicht das Vollkommene und die Schönheit einzelner Menschen und Situationen seht. Niemals werdet ihr ein Gefühl von Zufriedenheit erlangen, wenn ihr auf für euch „perfekte" Umstände, für euch „perfekte" Menschen, für euch „perfektes Sein" wartet. Es wird nicht kommen, es sei denn, ihr seht das Vollkommene in der Unvollkommenheit.

Erinnert euch, jeder Moment, jede Situation trägt das Potential des Göttlichen. Es ist euer Glaube und euer Vertrauen, dies zu fühlen, dies zu entdecken. Ihr könnt eure Welt nicht verändern, wenn ihr sie nicht in Liebe sein lassen könnt.

Ich möchte euch an die Schönheit, Weisheit und Vollkommenheit eures Lebens und eures Planeten erinnern. Ihr braucht nach nichts anderem zu streben. Ihr habt das Paradies zu Füßen, wenn ihr es nur sehen wollt.

Die Liebe führt euch nach Hause, die Liebe gibt euch ein Gefühl von zu Hause. Die Liebe ist euer Ursprung, eure Quelle.

Es gilt, euch daran zu erinnern, euch an euren Ursprung, an eure Quelle anzuschließen. Dazu ist es notwendig, euch von eurem Ballast aus Normen, Gesetzen und Identifizierungen zu befreien und zu wissen und zu sagen: Ich habe ein Recht, meine göttliche Natur zu sein, meine Göttlichkeit und Vollkommenheit zu leben. Hadert wirklich nicht mit den Dingen, die euch passieren, hadert nicht mit euch, sondern wandelt diese Energie in Liebe und Annahme. Und wenn ihr hadert, dann hadert ihr - auch das ist in Ordnung. Seid kritisch und fühlt in euren Herzen, was euch entspricht und was nicht.

Auch der Erde sind so viele Verletzungen zugefügt worden, indem sie nicht geachtet wurde, indem sehr wenige Menschen das wahre Wesen der Erde wahrnehmen ebenso wie ihr eigenes Wesen. Der Schmerz und die Wunden eurer Herzen sind das „Nichteinlassenkönnen" und das „Nichterkennen" der Vollkommenheit eines jeden Wesens, einer jeden Situation. Es ist die Abwesenheit von Liebe, die alles sein läßt, wie es ist. Die

Wunden eurer Herzen können nicht geheilt werden, indem ihr nach etwas anderem strebt. Die Wunden können geheilt werden, indem ihr das ehrt, was in euch ist und im Außen. Nichts wird verändert werden, wenn ihr alles im Außen verändern wollt. Die Liebe in euch und zu euch selbst wird wandeln. Findet eure Heimat in euch, so werdet ihr überall zu Hause sein, und ihr werdet jedem sein „wahres Sein" lassen können.

Die Wunden euer Herzen schreien nach Heilung. Die Wunden eurer Herzen wollen von euch gesehen, gepflegt, sanft berührt und geheilt werden. Die Wunden eurer Herzen sind in den meisten Fällen entstanden, weil ihr entgegen eurer Natur, entgegen dem, was ihr seid, gehandelt habt und behandelt wurdet. Die Wunden eurer Herzen sind auch durch die Nichtbeachtung und das Nichtfühlen eurer Liebe zu euch selbst entstanden. Heilt die Wunden, indem ihr euch selbst liebt; heilt die Wunden, indem ihr das annehmt, was ihr in jedem Moment seid. Erlaubt euch, eure Unvollkommenheit, die gleichzeitig so vollkommen ist.

Ihr könnt mich, mit meiner Energie, so wie viele andere Wesen, die euch hilfreich zur Seite stehen, in himmlischen wie auch irdischen Welten, in diesen Momenten um Unterstützung bitten. Wir unterstützen euch sowieso auf eurem Weg. - Jedoch können wir euch größere Hilfe sein, wenn ihr uns die Erlaubnis gebt, euch zu unterstützen. Ansonsten sind unseren Hilfen Grenzen gesetzt. Wir freuen uns, wenn ihr euch unseren Energien öffnet. In diesem speziellen Fall, wenn ich von wir spreche, meine ich meinen Energieaspekt, verschiedene Wesenheiten von Andromeda und der Venus.

Gleichzeitig gibt es viele andere Wesenheiten, die ihr anrufen könnt, euch behilflich zu sein, euch den Wunden und Schmerzen in euch zu stellen, so daß ihr letztendlich durch den Tunnel hindurchgehen und euch am anderen Ende dem Licht in euch hingeben könnt.

Ich lasse die Liebe direkt zu eurem Herzen fließen.

Wenn ihr wollt, schließt einen Moment eure Augen und erlaubt, die Liebe, die „ALL EINS-Liebe" in euer Herz fließen zu lassen und sich von dort in jede einzelne Zelle eures Körpers auszudehnen. So seid ihr ganz von Liebe zu euch selbst und zu allem, was ist, erfüllt.

Bedingungslose Liebe

Ihr Wesen des Lichtes und der Liebe, erinnert euch, daß Liebe und Licht eure wahre Essenz sind.

*Die Liebe ist die Kraft, die für euch
Unmögliches möglich macht.*

*Liebe ist die Energie, durch die
Transformation stattfinden kann.*

*Liebe ist die Energie, die euch
Wertung überwinden läßt.*

*Liebe läßt euch das Leid eines anderen fühlen,
ohne euch darin zu verlieren
und ohne euch „aufzuopfern".*

Wißt ihr, wie oft ihr einem anderen Menschen wirklich helfen könnt, indem ihr mitfühlt, indem ihr ihn mit eurer Liebe umhüllt? Oft ist es gar nicht notwendig, so viel für diese Person zu tun, ständig zu agieren oder auf diese Person einzureden. Durch das Mitfühlen aus der Kraft eures Herzens wird die Person, die Hilfe braucht, sich die Form wählen können, die für sie selbst wirklich hilfreich ist.

Das endlose Agieren und das Gefühl in euch, helfen zu müssen, entspringt oft nicht wirklich tiefer Menschenliebe. Vielmehr ist es euer Bedürfnis, euch wichtig zu fühlen, vielleicht ein Schuldgefühl auszugleichen und eure Bedürfnisse zu erfüllen. Die wahre Liebe und das reine Mitgefühl sind oft viel stiller. Sie sind einfach da. Sie sind frei und beanspruchen keine besonderen Formen. Wenn jemand von euch Hilfe und Unterstützung benötigt, laßt diese Person euer Lehrer sein. Verbindet euch mit ihr, hört auf das, was ihre Seele will und nicht auf das, was ihr meint, was hilfreich wäre. Seht euch dann einmal als dienende Schüler, deren Anliegen es ist, in tiefer Liebe und Stille den anderen ein Stück seines Weges zu begleiten. Die Liebe, die ich meine und die ihr vielleicht schon bewußt erfahren habt, ist unpersönlich. Sie fordert nicht, sie stellt keinerlei Bedingungen und Erwartungen. Sie nimmt alles in tiefer Demut und voller Gewahrsein der göttlichen Essenz an. Liebe ist nicht an Orte und an die Anwesenheit eines Menschen gebunden. Ihr könnt Millionen und Abermillionen von Lichtjahren voneinander entfernt sein, die Schwingung der Liebe von einer Seele zu einer anderen, von einem Menschen zu einem anderen wird fühl- und spürbar sein.

Und hier ist meine Botschaft an euch Menschen, die ihr so sehr an die Körperlichkeit, an die körperliche Anwesenheit gebunden seid - es wäre schön, wenn ihr euren Horizont erweitert. Ihr könnt euch mit anderen Menschen in Liebe vereinigen und in Liebe begegnen, ohne daß ihr körperlich anwesend seid.

Es wird mehr und mehr Zeit, daß ihr euch der Verständigung über Energien öffnet. Es wird mehr und mehr Zeit, eure Verständigungsformen zu erweitern. Es wird mehr und mehr Zeit, auch in eurem praktischen Leben zu begreifen, daß ihr nicht euer Körper seid. Es ist nicht nur eine Frage der Zeit und der Anwesenheit, ob eure Kinder oder eure Partner sich von euch geliebt fühlen oder nicht. Ihr könnt körperlich so weit entfernt sein und durch die Schwingung der Liebe seid ihr euch so nah. Ihr könnt euch, auch wenn ihr weit voneinander entfernt seid, auf so viele Arten begegnen. Wenn ihr euch der Welt der Energien und Schwingungen öffnet, werdet ihr in ganz ungeahnter Weise miteinander in Kontakt sein können.

Genauso verhält es sich, wenn ihr sterbt und geliebte Menschen zurücklaßt. Die Verbindung und die Kommunikation hören niemals auf. Ihr könnt euch weiterhin in Liebe begegnen. Versteht, in allen Universen geht niemals etwas verloren, - es verwandelt sich nur. Die Liebe läßt euch überall hinreisen. Die Liebe löst alle Hindernisse und Beschränkungen auf.

Für die von euch, die Eltern sind: Lehrt euch und eure Kinder, daß sie auch geliebt sind und von euch begleitet werden, wenn ihr nicht körperlich anwesend seid. So werden auch sie sich wieder erinnern und erfahren, daß sie genauso wenig nur ihr Körper sind, wie auch ihr es seid.

Speziell ihr Mütter und zum Teil auch Väter, - euch möchte ich von der Liebe zu euren Kindern erzählen. Ich beobachte schon lange, wie es in euch und in eurer Umgebung ziemlich feste Vorschriften und Vorstellungen gibt, wie gute Mütter und Väter zu sein haben. Oft ist es so, daß ihr euch, wenn ihr diese nicht erfüllt und diesen nicht entsprecht, schuldig fühlt - euch schuldig fühlt, wenn ihr nicht genug Zeit für sie habt, wenn ihr etwas für euch selbst tut, wenn ihr über die Kinder verärgert und genervt seid. Wißt ihr, eure Liebe zu euren Kindern darf viel freier sein. Sie ist nicht an äußere Formen geknüpft. Ihr könnt mit euren Kindern in Liebe sein, auch wenn ihr körperlich nicht anwesend seid. Ihr könnt mit euren Kindern in Liebe sein, auch wenn ihr euch Zeit nehmt für eure eigenen Bedürfnisse, für das, was euch wichtig ist. Ihr könnt auch mit euren Kindern in Liebe sein, wenn ihr Gefühle von Eifersucht, von Zukurzkommen und von Wut in euch wahrnehmt. Ihr braucht diese Gefühle nicht verstecken, nicht unterdrücken und euch derer schuldig fühlen. Ihr könnt diese Gefühle haben und spüren und dennoch eure Kinder sehr lieben. Eure Kinder mit Aufmerksamkeit zu überschütten, muß kein Ausdruck von Liebe sein. Je mehr ihr euch um euch und eure Bedürfnisse kümmert und eure Gefühle zulaßt, desto ehrlicher werdet ihr eure Kinder lieben.

Viele Kinder dienen euch unbewußt zur Erfüllung eurer Bedürfnisse, gerade weil ihr glaubt, euch und eure Bedürfnisse zurückstellen zu müssen. Auf so vielen, euch unbewußten und subtilen Ebenen sind an eure Liebe Bedingungen geknüpft. Immer noch erfüllen so viele Kinder die Bedürfnisse ihrer Eltern, um geliebt und anerkannt zu werden. Die Bereiche, in denen ihr nicht zufrieden, nicht glücklich seid und wenig Verantwortung übernehmt, versuchen eure Kinder zu füllen. Fast immer unbewußt übergebt ihr ihnen diesen Auftrag. Viele Kinder erfüllen euch die Wünsche, die ihr in euren Beziehungen mit euren Partnern, euren Freunden, euren Eltern habt. Wenn ihr euer Leben so gestaltet, daß ihr damit in Einklang und zufrieden seid, wird eure Liebe zu euren Kindern größtmöglichste Freiheit erhalten. Damit meine ich natürlich nicht, daß ihr nur egoistisch sein sollt, - daß ihr keine Verantwortung für eure Kinder übernehmt und euch immer in den Vordergrund stellen sollt. Das ist nicht gemeint. - Ich spreche nun wirklich nicht von krankhaftem egozentrischen Überfüttern eurer Selbst, sondern vom liebevollen Beachten eurer Bedürfnisse und dem Wissen und Fühlen, daß Liebe nicht an die Erfüllung verschiedenster Bedingungen geknüpft ist. Wenn ihr euch selbst so sein lassen könnt, wie ihr seid, auch mit eurem Neid, eurer Wut und den Abgrenzungsgefühlen, werdet ihr auch eure Kinder und alle anderen Menschen in Liebe sein lassen können, wie sie wirklich sind, ohne sie verändern oder beeinflussen zu müssen.

Nur so, wie ihr euch selbst mit all den menschlichen Eigenarten und Gefühlen akzeptieren könnt, in dem Maße werdet ihr euer Gegenüber lieben können. Denn nur, was ihr in euch liebt, werdet ihr im anderen wirklich lieben können und alles, was ihr in euch haßt, werdet ihr im anderen hassen.

Wie innen, so außen, wie außen, so innen.

Also meine Botschaft der Liebe:

Liebt euch so, wie ich mich liebe.
Liebt mich so, wie ich euch liebe.
Liebe ist alles, was ist.

Alles, was ist, ist in sich göttlich.
Ich umhülle euch mit all meiner Liebe.

DIE LIEBE IST IMMERWÄHREND UND EWIG

Eine Zeit, die der Energie der bedingungslosen Liebe gewidmet ist, ist bei euch die Weihnachtszeit.

Wie erlebt ihr Weihnachten? Welche Einstellung, welche Meinung habt ihr dazu? Ich möchte euch aus meiner Sicht etwas dazu erzählen. Wißt ihr, daß es letztendlich nicht an den Glauben an das Christuskind, an die Bibel oder an irgendwelche Erklärungen gebunden ist? Letztendlich ist es ein Fest der Liebe. Versucht es doch einmal als eine Zeit zu sehen, in der ihr euch der Liebe in eurem Herzen bewußter seid. Eine Zeit, in der ihr besonders die Liebe mit euren Mitmenschen teilen könnt. Es ist eine symbolische Zeit, eine Erinnerung an die Liebe, die euch mit allen Menschen verbindet. Weihnachten ist ein Symbol, eine Erinnerung an die Liebe in eurem Herzen. Es ist eine sehr kraftvolle Zeit, da viele Menschen sich zur selben Zeit auf dieses Gefühl besinnen. Sicherlich gibt es viele, die in der äußeren Form steckenbleiben, ohne diese mit ihrem inneren Gefühl zu füllen. Und dennoch sind es genügend Menschen, die sich aus ihrem tiefen Inneren besinnen und ein kraftvolles energetisches Feld erschaffen. Fragt euch zu dieser Zeit: „Wie kann ich die Liebe in mir selbst entfachen? Was tut meinen Herzen gut und mir selbst? Welche Düfte, welche Klänge, Lichter und Gaumenfreuden lassen mein Herz warm werden und sprechen?"

Weihnachten ist eine Zeit, die an die Liebe erinnert. Laßt das ganze Jahr Weihnachten sein. Ich weiß, wie schwierig es für euch ist, in die tiefe Stille, in den wunderbaren Frieden des Annehmens und Liebens von allem, was ist, einzutreten. Immer wieder werdet ihr diesen Ort in euch vergessen, und immer wieder könnt ihr euch an diesen Ort erinnern. Es ist so viel über die Liebe geschrieben worden. Liebe hat die Menschen immer wieder bewegt. Liebe ist die Kraft, die Gut und Böse überwindet.

Ich möchte euch, obwohl viele von euch sich dessen bewußt sind, noch einmal erinnern, daß viele Formen von Liebe, die ihr als solche bezeichnet, mit meinem Gefühl von Liebe, mit der Energie der bedingungslosen Liebe, nichts gemeinsam haben. Vieles, was ihr als Liebe bezeichnet, ist für mich eine Polierung eures Egos und eurer Abhängigkeiten.

„Ich liebe dich; wenn du so und so bist"
„Ich liebe dich, wenn du das und das machst."
„Ich liebe dich, wenn du meine Erwartungen erfüllst."

„Ich liebe dich, wenn du mich nicht verletzt."
„Ich liebe dich, wenn du mich nicht verläßt."

Es ist für euch sehr schwierig, an die Liebe keine Bedingungen zu knüpfen; euch selbst und die anderen Menschen so zu lieben, wie ihr seid. Es gibt so viele Vorstellungen und Einschränkungen, von dem, was ihr lieben dürft und was nicht. Versucht, mehr und mehr eure Wertvorstellungen und Beurteilungen, von dem, was geliebt werden darf und was nicht, fallen zu lassen.
Habt ihr das Gefühl, etwas oder jemanden nicht lieben zu können, fragt euch, was euch hindert. Werdet euch bewußt, was ihr nicht annehmen könnt. Seid euch bewußt, das, was ihr an euch und anderen nicht annehmen könnt, trennt euch von euch selbst und den anderen. Es trennt euch von der Ganzheit, von eurer Ganzheit. Es trennt euch von eurem göttlichen Selbst.

Das heißt nicht, daß ihr euch zwingen sollt, alles zu lieben.
Das heißt nicht, daß ihr keine Aggressionen und trennenden Gedanken haben dürft und alles verstehen und entschuldigen müßt. Nein! Es geht nur darum, euch bewußter zu werden und euch der Liebe eures Herzens zu öffnen. Es ist für euch unvorstellbar, was die Liebe in eurem Herzen bewegen kann.

Die Zeit, dieses Gefühls der Liebe, jenseits aller Dualitäten und aller Bedingungen zu fühlen, ist besser denn je. Es sind und werden immer mehr Energien der Liebe, Energien von großer Bewußtheit und Einheit auf der Erde verankert. Es gibt mehr Hilfe denn je aus den Welten der Liebe, die euch begleiten und die euch helfen, euch von euren Einschränkungen und Fesseln zu lösen. Wie ihr wißt, können sie euch besonders hilfreich sein, wenn ihr sie um Unterstützung bittet.

Die Liebe ist frei, sie läßt sich nicht halten.
Sie beschränkt sich nicht.
Sie ergießt sich und verströmt sich von einem zum anderen.
Es ist die Liebe zu allem, was ist.

Die Liebe zu jedem Grashalm, zu jeder Blume, zu jedem Tier,
zu jedem Menschen mit allen Aspekten seines Seins.
Es ist die Liebe, die aus dem Herzen strömt.
Es ist nicht der Gedanke: Ich muß alles lieben,
der alle Gefühle wie Ärger, Wut, Neid, Eifersucht,
Konkurrenz und Haß unterdrückt.
Es ist die Liebe aus dem Herzen, die einfach ist,
weil alles sein darf, wie es ist.
Es gibt nichts zu erzwingen.
Es gilt, nicht alle anderen Gefühle zu verleugnen.
Meine Art der Liebe; die Liebe, die ich meine,
ist allumfassend und unendlich frei.
Sie gibt sich, weil sie geben will.
Sie ist da, weil sie ist.

Ich möchte euch einige Anregungen geben, die euch helfen können, um mit der Energie der bedingungslosen Liebe in Kontakt zu kommen.

*   Ich möchte euch eine Farbe näherbringen, die mir sehr nahe ist. Es ist das zarte Rosa.

    Schließe einen Moment deine Augen und sieh die Farbe vor deinem inneren Auge.
    Das zarte Rosa einer blühenden Rose.
    Das wunderschöne Rosa eines Rosenquarz.
    Das Babyrosa, in das ihr früher die neugeborenen Mädchen gekleidet habt.

    Spüre jetzt, wie diese Farbe in deinen Körper einfließt, dich ausfüllt und erfüllt. Du kannst diese Farbe auch in jede Zelle deines Körpers atmen.

    Laß dich ein, vertraue.
    Fühle welche Regungen und Gefühle in dir wach werden.
    Kannst du diese sanfte, zarte, alles annehmende Liebe fühlen?

Oder spürst du Aggression und Wut?
Registrierst du Widerstände in dir?
Oder kannst du in diesem Moment kein Gefühl wahrnehmen
und denkst?

Registriere deine Empfindungen, Gedanken und Gefühle
und sei ehrlich zu dir. Versuche nichts zu erzwingen.
Diese Übung kann dir Klarheit über deinen inneren Bezug
zur allumfassenden und bedingungslosen Liebe geben.

- Ihr könnt auch in Form eines Gebetes bitten:

  Laß mich die allumfassende, bedingungslose Liebe fühlen.
  Ich möchte mich erinnern an die unendliche Liebe und sie
  jetzt in mich einströmen lassen.

  Auch selbst geschriebene Affirmationen können dir eine
  große Hilfe sein.
- Du kannst dir auch ein Symbol suchen, das dich an die bedingungslose Liebe erinnert. Es kann ein Gegenstand oder
  ein Bild sein, das du bei dir trägst, das in deinem Haus einen
  besonderen Platz hat, vielleicht auch als Bestandteil eines
  kleinen Hausaltars oder ein Symbol, das in deiner Vorstellung, in deinen Gedanken existiert.

- *Laß vor deinem inneren Auge eine Herde weißer, kraftvoller*
  Pferde erscheinen. Siehst du, wie sie galoppieren, wie ihre
  Mähnen im Wind wehen? Um sie herum weißer, zartrosafar-
  bener Nebel, aus dem heraus sie galoppieren, dir entgegen.
  Und stell dir vor, wie sie den weiß - rosafarbenen Nebel und
  das Licht in diesen Farben voller Kraft, voller ungebändigter
  Kraft direkt zu dir, in dich transportieren und übertragen. Es
  ist eine kraftvolle, unglaublich kraftvolle und dennoch sanfte
  und liebevolle Übertragung. Kannst du es spüren? Kannst
  du es annehnen? - Wenn du Blockaden spürst, versuche es
  an verschiedenen Tagen immer wieder.
  Nimm wahr, was dich hindert, diese Übertragung in dich ein-

strömen zu lassen. Möglicherweise ist dies eine Form, die dich nicht anspricht. Dann laß es sein und suche dir andere Möglichkeiten, mit dieser Energie in Kontakt zu kommen. Es gibt einige Übungen und Bilder. Wähle die, von denen du dich am stärksten angezogen fühlst; die direkt dein Herz ansprechen.

Vereinigung

Ich möchte euch ermuntern, euren Blickwinkel, wie ihr Beziehungen seht, zu erweitern. Beginnen möchte ich mit den Beziehungen, die ihr als Liebesbeziehungen bezeichnet. Beziehungen zwischen Mann und Frau, aber auch zwischen Frau und Frau und Mann und Mann. Ich meine Paar-/Liebesbeziehungen, unabhängig davon, zu welchem Geschlecht ihr euch hingezogen fühlt. Wenn ihr gerade verliebt seid oder euch erinnert an Zeiten, in denen ihr verliebt wart, dann werdet ihr euch sicherlich erinnern können, welche Liebe ihr in euch gefühlt oder in euch gefühlt habt; wie sich euer Körper leicht und licht anfühlt, euer Herz sich öffnet und vor lauter Freude euch zum Springen und Tanzen einlädt. Es ist eins der schönsten Gefühle für euch Menschen, wenn ihr verliebt seid; wenn ihr liebt und geliebt werdet. Es gibt kaum jemanden unter euch, der dieses Gefühl nicht kennt; - wie sich euer Magen und euer Körper füllt mit Tausenden von bunten Schmetterlingen; ihr aufgeregt seid und erfüllt von Freude und Lebendigkeit. Wenn ihr verliebt seid, spürt ihr euch intensiv, sucht nach der Nähe eines anderen Menschen, wollt euch ihm nähern. Das ist ein Grundwunsch des Menschen.

Besonders intensiv ist dieses Gefühl in Liebesbeziehungen. Es ist euer Wunsch, euch mit einem Gegenüber zu vereinigen. Seinen direktesten und intensivsten Ausdruck findet das in der Sexualität. Nicht nur auf die Sexualität bezogen ist der Wunsch nach einem Partner der Wunsch nach Ausgleich. Es ist der Wunsch, euch selbst komplett und vollständig zu fühlen. Es ist der Wunsch, euch eins zu fühlen. Das ist oft die Motivation, wenn ihr euch von einem anderen Menschen angezogen fühlt.

Es ist der Wunsch nach Ausgleich.
Es ist der Wunsch nach Vereinigung.
Es ist der Wunsch der Vereinigung der Gegensätze.
Es ist der Wunsch, über diese Vereinigung aus der Dualität herauszutreten in eine andere Dimension; in eine Dimension der

Liebe, in der es diese Gegensätze nicht mehr gibt und alles eins ist.

Diese Vereinigung der Gegensätze, diese Ergänzung, ist nicht nur möglich in einer körperlichen Vereinigung. Auch in eurem täglichen Leben sucht ihr nach diesem Ausgleich. Ihr sucht nach einer Vervollständigung eurer selbst.

Ich finde es wichtig, daß ihr euch dessen bewußt seid, denn letztendlich ist es notwendig, diese ergänzenden Anteile in euch zu finden, damit ihr vollkommen werden könnt; damit ihr eure Gegensätze in euch vereinigen könnt. Das, was ihr im Außen sucht, gilt es in euch zu entwickeln, in euch zu leben. - Und gleichzeitig ist es ein großes Geschenk, mit einem anderen Menschen euer Leben oder Zeiten eures Lebens teilen zu können, eure Liebe einem anderen Menschen zu schenken und eine Ergänzung durch die Person, die ihr so liebt, zu erfahren. Es ist wirklich ein wunderbares Geschenk.

Wichtig ist mir jedoch zu verdeutlichen, daß ihr es nicht bei dieser Ergänzung von außen durch eine andere Person belassen solltet und daß ihr euch nur vollständig fühlt, wenn ihr von einer anderen Person geliebt werdet. Es ist notwendig, euch von den Abhängigkeiten zu befreien, in die ihr euch begebt, wenn eure Partner nur die Ergänzung bilden, die ihr in euch nicht sucht. Dann seid ihr abhängig von den Verhaltensweisen, die euer Partner für euch lebt. Seid ihr euch dessen nicht bewußt, wird es in euren Beziehungen oft zu Spannungen oder Streit kommen. Ihr könnt dann nicht erkennen, daß ihr diese Ergänzung, diese Vervollständigung von euch gesucht habt. Vielmehr empfindet ihr die Unterschiedlichkeit eures Partners manchmal als hinderlich und abstoßend und macht ihm das, bewußt oder unbewußt, zum Vorwurf.

Dieser Partner bildet jedoch den Ausgleich zu euch mit genau dieser Eigenschaft, die ihr an euch selbst nicht zulaßt, die ihr an euch vielleicht auch nicht mögt und nicht wahrhaben wollt und euch zu eurer Vervollständigung fehlt. Automatisch zieht ihr die für euch passende Ergänzung an. Was sich nicht ergänzt, was nicht in Resonanz zueinander steht, wird sich niemals anziehen.

So ist es auch mit euern Partnern. In euch gibt es immer eine Entsprechung. Ihr könnt von euren Partnern viel über euch lernen. Sie sind ein Spiegel, in dem es sich zu betrachten lohnt. Oft tragen sie Energien, die sich mit den euren vereinigen wollen.

Der Moment, in dem sich die Gegensätze vereinigen
in Frieden, ist reine Liebe und reine Ekstase.

Und daß die Sexualität in eurer Gesellschaft und in euren Leben eine so große Rolle spielt, hängt damit zusammen, daß ihr den Wunsch nach Vereinigung auf die Sexualität konzentriert habt. Es ist der Wunsch, allein durch die sexuelle Vereinigung auch eine seelische und geistige Vereinigung zu erwirken, obwohl das nicht möglich ist. Es läßt sich allein über die körperliche Vereinigung nicht erzwingen. Wenn kein Gefühl von seelischer Übereinstimmung und Liebe vorhanden ist, werdet ihr die Dualität nicht überwinden können. Es sind nicht die körperlichen Reaktionen, die ein Gefühl von Zuhause lebendig werden lassen können.

Manche Menschen glauben, auch wenn sie sich nur auf die körperliche „Liebe" beschränken, höchste Lust, Einheit und Glück zu erfahren. Das ist aus meiner Sicht nicht der Fall. Das, was ihr euch aus tiefstem Herzen ersehnt, ist eine Vereinigung eurer Seelen, eurer Körper und eurer Herzen. Viele von euch haben jedoch genau davor große Angst, da es euch in Bereiche führt, wo ihr fürchtet, eure Kontrolle, eure Identität zu verlieren. Bringt ihr euch über die Vereinigung der Energien in einen anderen Bereich, in eine andere Dimension, ist eure Identität in dem Moment nicht mehr dieselbe wie vorher. Euer Ego und all das, mit dem ihr euch identifiziert, fühlt sich bedroht. Insofern unternehmt ihr viel, um dieses Gefühl zu verhindern, obwohl ihr es euch so sehr wünscht.

Auch Menschen, denen nur die Sexualität, die körperliche Vereinigung, wichtig ist und weniger eine seelische und geistige Verbindung, suchen letztendlich nach nichts anderem als nach der Vereinigung der Gegensätze in sich selbst.

Die körperliche Sexualität ist für euch Menschen ein Geschenk und gleichzeitig ist sie oft ein Hindernis. Die Sexualität ist ein Bereich, der es euch ermöglicht, euch mit eurem göttlichen Selbst, mit eurem göttlichen Sein zu verbinden. Sexualität ermöglicht es euch, durch die Dualität und aus der Dualität zu bewegen und in ein Einssein, ein Ganzsein einzutreten. Sexualität beinhaltet die Möglichkeit, den Himmel und die Erde miteinander zu verbinden. Sexualität ist ein unglaubliches Potential. Jedoch ist es notwendig, achtsam, respektvoll und verantwortlich damit umzugehen. Das ist für viele Menschen ein Problem.
In der Sexualität sind bei euch viele Energien gebunden; von Schuldgefühlen über Suchtstrukturen, über Abhängigkeiten und Unterdrückungen. In eurer sexuellen Energie steckt das Potential unglaublicher Möglichkeiten, und dennoch ist es nicht die einzige Möglichkeit, eine Vereinigung herzustellen. Energetische Vereinigungen sind auch ohne sexuellen Kontakt möglich; geschehen immer wieder ohne diesen. Jedoch ist das Bild der Vereinigung bei euch fast ausschließlich mit der Sexualität verbunden. Energien ziehen sich an und können verschmelzen, können eins werden ohne sexuelle Verbindung.
Reine Energie ist reine Energie. Die Verschmelzung von Energien ist ohne sexuellen Kontakt möglich. Vielleicht haben einige von euch schon einmal bei der Umarmung eines geliebten Menschen gefühlt, wie eure Energien eins wurden. So, wie dies ohne sexuellen Kontakt geschehen kann, ist auch eine sexuelle Vereinigung ohne tiefe energetische Verbindung machbar.

Eure Sexualität ist ein Geschenk, euch dem Göttlichen zu nähern und euch eins zu fühlen und euch an eure Heimat und ein Gefühl von Einssein zu erinnern. Jedoch ist es eine Einschränkung, dieses Gefühl nur in der Sexualität suchen zu wollen. Jeder Augenblick in eurem Leben kann ein Orgasmus sein. In jedem Moment ist das Potential der Vereinigung; in jedem Moment ist das Potential höchster Lust enthalten.

Ich möchte euch ermuntern, eure Liebe, euer sexuelles und euer sinnliches Empfinden nicht auf das Erleben mit eurem Partner zu beschränken. Jeder Moment in eurem Leben trägt das Potential ganzer Liebe und Sinnlichkeit in sich. Es liegt an euch, eure Augen zu öffnen für jeden Augenblick. Eure Partnerschaften sind gute Möglichkeiten für euch, zu lernen, wenn ihr euch über das Prinzip der Anziehung und des Ausgleichs bewußt seid. Ihr könnt erfahren, welche verschiedenen Dynamiken ihr in euch habt, Verhaltensweisen, die ihr an euch verneint und die entwickelt und gesehen werden wollen; Gefühle in euch, die geliebt und angenommen werden wollen.

Eine Partnerschaft kann eine sehr intensive Lernerfahrung für euch sein, wenn ihr dafür offen seid.

Ich segne das Lernen in euren Beziehungen.

Der Genuß von Sexualität als Geburtsrecht

Ich sende euch zur Begrüßung meine Liebe und umhülle euch mit sanftem Rosa. Es ist mir ein Anliegen, weiter mit euch über eure Beziehungen zu sprechen und speziell über das Thema Sexualität.

Ihr seid schon als Babys, sobald ihr auf die Welt kommt, mit einer eigenen Sexualität ausgestattet. Es ist keine Sexualität, die mit der eines Erwachsenen zu vergleichen ist. Und dennoch ist es eine eigene Sexualität. Auch als Babys, auch als Kinder, fühlt ihr euch von Energien angezogen, die euch ergänzen. Es ist ein kosmisches Gesetz.-

Als Mädchen fühlt ihr euch zu eurem Vater hingezogen, als Junge zu eurer Mutter und auch zu anderen weiblichen oder männlichen Wesen. Das Gesetz der Anziehung gilt ab dem Moment der Geburt. Auch der Wunsch nach Ausgleich und Vereinigung. Das ist etwas ganz Natürliches.

In sexuell ausgeprägterer Form empfindet ihr es später als Jugendliche und Erwachsene. Und wenn ihr es ganz genau betrachtet, ist dieser Wunsch schon bei den Babys vorhanden. Sobald ihr geboren werdet, gibt es eine Anziehung von Männlich und Weiblich. Damit meine ich nicht nur eine Anziehung zwischen männlichem und weiblichen Geschlecht, sondern zwischen männlichen und weiblichen Energien. Es hat mit der inneren Energie zu tun, nicht nur mit dem äußeren Geschlecht. Babys kommen sehr lustbetont auf die Welt. Die Befriedigung ihrer Bedürfnisse und ihrer Lust stehen im Vordergrund. Sie fragen nicht danach, ob dies oder jenes gut ist oder schlecht, was sein darf oder nicht. Sie sind so, wie sie sind, und bringen ihre Lust ungehindert zum Ausdruck. Ihr könnt beobachten, wie sie offen und selbstverständlich alles lustvoll in den Mund nehmen.

Ein wichtiger Aspekt ist das Erproben von Neuem, aber auch ein Gefühl reiner Lust und Sinnlichkeit. Bemerkt ihr, wie sie ab einem bestimmten Alter sich selbst ertasten, an ihren Geschlechtsorganen spielen,- dann wißt, das ihre Natur. Und wenn ihr eure eigenen Gefühle von Schuld, Scham, Verängstigung und Peinlichkeit zur Seite schiebt, dann könnt ihr erkennen, wie selbstverständlich sie dies tun. Und es ist wahrhaftig keine Sünde, wie verschiedene Religionen und moralbetonte Menschen euch einreden wollen. Babys und Kinder sind von Beginn an rein und natürlich, und sie gehen ihren ureigensten Wünschen und Trieben nach, um ihre Bedürfnisse und ihre Lust zu erfüllen, bzw. erfüllt zu bekommen, um ganz zu sein und voller Glückseligkeit.

Diese Wertungen, diese Zweifel und Schuldgefühle bekommen sie erst durch euch Erwachsene vermittelt. Und selbst wenn ihr frei denkend seid und diese Entwicklungen eurer Kinder als natürlich betrachtet und ihnen ihre Natürlichkeit und Sinnlichkeit lassen wollt, sind es oft eure Gefühle von unterdrückter Schuld und Scham, die ihr eure Kinder spüren laßt, genauso wie ihr es von euren Eltern habt. Diese Scham, diese Schuld und diese Schmerzen, die ihr wegen der natürlichen Erfüllung eurer Bedürfnisse verspürt, sitzen sehr tief. Viele von euch wurden für ihre natürlichen Bedürfnisse bestraft, vielen von euch wurde auf direkte oder indirekte Art und Weise mitgeteilt, daß es egoistisch ist, seine Bedürfnisse und seine Gelüste zu erfüllen, daß es schmutzig ist und man das nicht tun darf. Eine ungeheure, traurige Entwicklung!

Es ist auch der Verlust eurer Ganzheit und eurer Glückseligkeit. Wer sagt euch, daß ihr egoistisch seid, wenn ihr eure Bedürfnisse erfüllt? Ich sage euch: Es ist eure größte Pflicht, euch selbst und dem Göttlichen in euch zu dienen, euch selbst wahrhaftig und natürlich zu leben. Ihr könnt dem Göttlichen und den Menschen nur dienen, wenn ihr in Natürlichkeit eure Lust und eure Liebe lebt. Das Berühren eures eigenen Körpers, auch das sexuelle Berühren eures eigenen Körpers, ist euer göttliches Recht. Euer Recht, euch in Liebe zu dienen, in Liebe zu begegnen und durch höchste Lust Glückseligkeit zu erfahren. Ist er nicht lebendig, euer Körper, wenn er von Lust und Liebe erfüllt ist? Gerade ihr selbst solltet euren Körper, eure Lust lieben und annehmen. Ich weiß, wie schwer das für euch ist und wie tief die Demütigungen, die Verletzungen und die Schuldgefühle liegen, die ihr durch eure Eltern, die Schule, die Kirche oder durch wen auch immer erfahren habt und die einem gesunden Annehmen eurer eigenen Körperlichkeit und eures Lustempfindens entgegenstehen.

Mir ist wichtig, zu verdeutlichen, daß es um ein verantwortungsvolles und achtsames Umgehen mit eurer Sexualität geht. Ich spreche nicht von grenzüberschreitender und grenzenloser Sexualität. Das ist die andere Seite der Unterdrückung. Die Auswirkungen sind dieselben. Übermäßige sexuelle Freizügigkeit mit beliebigen, ständig wechselnden Partnern ist nur die andere Seite der Medaille.

Wenn wir nun einmal von dem Bedürfnis der sexuellen Lustempfindung und Bedürfniserfüllung weitergehen zu dem Erfüllen anderer Bedürfnisse, die ihr habt - wie selten erlaubt ihr euch wirklich, daß es euch gut gehen darf, daß eure Bedürfnisse erfüllt werden können. Tief in euch gibt es Stimmen, die glauben, dazu kein Recht zu haben, auch wenn ihr es euch so sehr wünscht.

Wiederum gibt es Menschen, die übermäßig und auch sehr egoistisch alles für sich einfordern. Aber auch das entspringt nicht einem Gefühl von angemessener und natürlicher Erfüllung ihrer Bedürfnisse. Auch in ihnen gibt es ein Verbot, - nur wählen diese die äußere Hülle / Verkleidung des Einforderns. Dasselbe Grundmuster liegt auch in denen, die sagen: „Nein, nicht für mich, mir steht nichts zu."

Ihr Menschen habt ursprünglich ein natürliches Empfinden für eure Bedürfnisse. Erfüllt ihr eure Bedürfnisse, eröffnet sich automatisch der Wunsch, jemand anderem etwas geben zu wollen, für einen anderen etwas "Gutes" zu tun, mit einer anderen Person zu teilen. Wieviele von euch glauben wirklich in ihrem Inneren, daß ihnen alles Gute und alles Glück dieser Welt zusteht? Es sind sehr wenige; - die es im Außen anziehen, im Außen kreieren und erschaffen.

Die meisten von euch wünschen sich Glück und Erfüllung, glauben aber tief in ihrem Inneren nicht, das verdient zu haben. Wie wenige von euch können wirklich einen Tag lang liebevoll mit sich selbst sein und sich in jedem Augenblick lieben? Es ist so wichtig, daß ihr bis in eure tiefste Seele begreift, daß euch alles Glück und die Glückseligkeit eurer Welt zusteht - daß ihr Glückseligkeit seid und keineswegs egoistisch, wenn ihr euch „Gutes" tut, euch liebt und annehmt.

Das gilt genauso, wenn ihr euren Körper berührt, wenn ihr euch selbst oder einem anderen Menschen Lust schenkt. Das ist euer Geburtsrecht und, wenn ihr in Einklang mit euch seid, euer natürlicher Ausdruck.
Sexualität ist altersunabhängig und nicht getrennt von euch. Die Formen, die Intensität und die Ausprägungen verändern sich. Der Same der Lustempfindung, der Same der Glückseligkeit und Vereinigung des Dualen liegt immer in euch. So wie Wut und Trauer und all eure Gefühle zu euch gehören von Anfang an, so gehört euer Bedürfnis nach Lustbefriedigung zu euch. Ein lustvolles Leben ist eine wunderbare Aussicht. Ihr dürft das Leben leicht und beschwingt genießen. Niemand sagt euch, daß euer Leben nur ernst und schwer sein muß. Ihr seid es selbst, die das bestimmen.
Erinnert euch an eure Kinder, an die Lustorientiertheit eurer Babys und Kinder und an ihr Lachen, ebenso an ihre Freude - ihre Freude und ihr Lachen über kleine einfache Dinge. - Über den Genuß eines Augenblicks.
Feiert Liebe und Lust in eurem Leben. Wie oft zwingt ihr euch zu Dingen, die euch keine Freude bereiten. Sicherlich mag das in einzelnen Situationen sinnvoll und notwendig sein; und in vielen Situationen könntet ihr euch für die Leichtigkeit, das Spiel und die Lust entscheiden - und genießen. Das Ernste, Verbissene und Strebsame steht für viele Menschen auf ihrer Werteskala viel höher als die Lusterfüllung, die Freude, der Genuß und das Lachen. In vielen von euch existiert der erhobene Zeigefinger, der euch ungehinderten Genuß und Lustbefriedigung ver-

bietet, und wenn ihr es dennoch zulaßt, euch strafend ermahnt. Wie schwierig ist es, eine offene, freie und sexuell erfüllte Liebesbeziehung zu leben, wenn trotz aller Freiheit der drohende Zeigefinger oft unbewußt neben euch steht.

Dieser mahnende Finger sitzt in vielen von euch tiefer als ihr denkt. Er sitzt da oft lange vor sich hin, ohne erkannt zu werden. Besonders die jüngeren Generationen haben sich offensichtlich in ihrer Gedankenwelt und ihren äußeren Handlungen davon distanziert, und dennoch stecken diese mahnenden Gedanken und Gefühle in ihnen, ohne Aufmerksamkeit und Gehör geschenkt zu bekommen, denn gerade in der heutigen Zeit, in Zeiten äußerer sexueller Freiheit, wurde und wird ein neues sexuelles Ideal geboren - so unglaublich frei, so unglaublich glücklich, so unglaublich ekstastisch, so unglaublich perfekt, daß die wenigsten sich trauen, zuzugeben, daß sie selbst gar nicht nur so sein können und wollen.

In eurer Zeit existieren sehr viele sexuell freizügige, unkomplizierte, absolut problemlose Masken, voller sexuell problemloser Gesichter. Es bleiben sehr wenig Raum und Platz für die menschlichen „Unzulänglichkeiten" und Schwierigkeiten auf diesem Gebiet, die vollkommen natürlich sind, und dennoch seid ihr oft kilometerweit in Kälte voneinander entfernt. Ihr versucht, dieses perfekte, unproblematische Bild eurer Sexualität nach außen zu kehren und all die Verletzungen, all die Ängste, all die Schuldgefühle zu überspielen.

So kann keine Heilung geschehen. Heilung geschieht dann, wenn ihr ehrlich seid, wenn ihr eure Sexualität mit all den Schwierigkeiten so annehmt, wie sie ist. - Wenn ihr euch mit anderen Menschen von Mensch zu Mensch austauschen könnt, wenn die Kämpfe und Vorstellungen: „Ich bin besser im Bett als du, ich habe keine Probleme"; oder „ich bin schlechter, die meisten haben keine sexuellen Probleme nur ich", und seien sie noch so unterschwellig und minimal, aufhören.

Die Zeit ist mehr und mehr gekommen, Brücken zu bilden, ehrlich zu sein und euch mit euren menschlichen Problemen, menschlichen Schwierigkeiten, also eurem ganzen menschlichen Sein, auch in der Sexualität, so anzunehmen wie ihr seid. Eure Betrachtungs- und Umgangsweise mit dem Thema Sexualität ist erstaunlich hart, kämpferisch und leistungsorientiert.

Der Weg der Glückseligkeit über eure Sexualität liegt im Annehmen dessen, was ihr in jedem Moment seid. Es gibt keine „perfekte Form", wie ihr zu sein habt, wie ihr sexuell zu empfinden habt. Nehmt eure Gefühle, eure Schwierigkeiten, die diesen Bereich betreffen, an und begegnet einander in Offenheit, Annahme und Toleranz. Sprecht mehr und mehr mit Partnern und Freunden über Ängste, Schwierigkeiten und Wünsche.
Es lebe eure Lust, eure Bedürfnisse und die Liebe zu euch selbst!

Menschsein

Ich möchte euch ein wenig von mir erzählen.

Ich bin ein Aspekt reinster Liebe, den auch ihr in euch tragt. Über diese Energie ist es euch möglich, euch mit mir zu verbinden. Auch ich habe gelebt - auch ich war als Mensch auf eurer Erde inkarniert. Ich kenne die Erfahrungen des Menschseins, auch ich habe Schmerz und Leid durchlitten, auch ich kannte Freude und Trauer. Auch ich kannte Liebe und Haß. Letztendlich siegte die Liebe und das Fühlen und Gewahrsein uneingeschränkter Liebe. Das Gefühl, in uneingeschränkter Liebe zu Hause zu sein, erlebte ich auch bei euch auf der Erde. Ich lernte, euch Menschen und die Erde lieben. Ich lernte, mich und alle anderen Wesen so zu lieben, wie sie sind. Das war mein Weg nach „Hause".

Ein Grund, warum ich nicht mehr als Mensch unter euch bin: Ich bin aufgestiegen in mein Reich, in das Reich der Liebe. Auch euch Menschen steht dieser Aufstieg bevor. Ihr habt „denselben" Weg vor euch, den auch ich gegangen bin, mit individuellen Prägungen. - Es ist auch euer Weg aufzusteigen, indem ihr euer Menschsein und alles, was ist, in Liebe annehmt. Es ist ein manchmal langer, mühsamer und anstrengender Weg. Ich weiß, wieviele Hürden auf diesem Weg sind, wieviele Schmerzen und wieviel Leid - und dennoch, Schritt für Schritt werdet ihr wachsen, Schritt für Schritt werdet ihr zu euch zurückkehren. Schritt für Schritt werdet ihr der Liebe in euch begegnen, der Liebe, die reinen Herzens ist.

Ich, wie andere aufgestiegene Wesen auch, sind nicht so etwas unglaublich Besonderes, wie es euch erscheinen mag. Auch ihr könnt und werdet diesen Weg gehen. Es ist aus eurer Sicht eine Frage der Zeit. Ihr werdet niemals zu diesem Punkt kommen, wenn ihr so stark danach strebt, aufzusteigen und dabei eure Aufgaben als Mensch vergeßt und euer Menschsein leugnet. Es ist notwendig, die Palette eures Menschseins zu erfahren, zu erleben, zu begreifen, zu fühlen. Ihr werdet nicht dem „Himmlischen und Göttlichen" näher sein, indem ihr danach strebt, die Erde zu verlassen.

Ich möchte euch allen, die dieses Buch lesen, mitteilen, daß weitaus mehr in euren Möglichkeiten und Kräften liegt, als ihr es euch vorstellen könnt. - Wenn ihr euch der geistigen Welt mehr und mehr öffnet, ebenso wie der irdischen materiellen Welt, und sozusagen den Himmel und die Erde in euch zusammenführt, in euch lebendig sein laßt, besteht auch die Möglichkeit, euch in Frieden und Liebe Umstände zu schaffen, in denen ihr euch wohl und glücklich fühlen könnt. Wenn ihr euch mehr und mehr den geistigen Welten öffnet, werdet ihr spüren, wie geborgen und behütet ihr sein könnt. Dies ist allerdings nur möglich, wenn ihr euch auch mit den irdischen Dingen in aller Konsequenz wohlfühlen bzw. sie annehmen könnt. Wenn ihr euch zu sehr den geistigen Welten öffnet, ohne mit den irdischen verbunden zu sein, werdet ihr kein Glück und keine Zufriedenheit erleben können, denn ihr sehnt euch dann so sehr nach anderen Umständen, anderen Welten, daß ihr mit dem, was ihr auf der Erde erlebt, nicht zufrieden seid.

Wenn ihr die Verankerung auf der Erde vergeßt, verleugnet und nur nach anderem strebt, werdet ihr euch ab einem gewissen Punkt sprituell und geistig nicht mehr weiterentwickeln können. Letztendlich gibt es diese Trennung zwischen „irdisch" und „himmlisch" gar nicht. Wenn ihr euch tief auf die irdischen Dinge einlaßt, eröffnet sich euch auch die spirituelle, geistige Welt und findet im Irdischen das Göttliche. Ebenso, wenn ihr euch auf das Geistige, Spirituelle einlaßt, wird es euch zum Irdischen führen.

Es gibt diese Trennung nicht, und letztendlich haben beide Pole ihren Wert und ihre Berechtigung. Ihr seid weder das eine noch das andere. Ihr seid alles und nichts. Ihr seid der Wind, der übers Land und durch die Bäume weht, und gleichzeitig seid ihr es nicht. Ihr seid der Grashalm, der auf eurer Wiese wächst - ihr seid es, und seid es doch nicht.

Werdet euch bewußter, daß euer Wertesystem letztlich in einer anderen Dimension gar nicht existiert. Wenn ihr merkt, daß ihr Menschen, bestimmte Gefühle oder Situationen ganz ablehnt, dann ist das natürlich euer Recht und euer Gefühl; - seht aber auch, daß das nur euer Gefühl und eure Wertung ist; denn vor „Gott" ist alles gleich. Seid euch eurer Wertung bewußt, und trotzdem ist es in Ordnung, als Mensch immer wieder Vorlieben und Abneigungen zu haben - auch das ist euer Recht, und deshalb verurteilt darüber andere nicht.

Seht, daß es eure Abneigungen und Zuneigungen sind und den Wert für euch dadurch verändert - und die Situation, das Gefühl, der Mensch an sich letztendlich als existente Form denselben Wert hat wie alles andere auch. Was ich damit meine ist, daß ihr andere und euch selbst nicht erniedrigen und verurteilen solltet, was allerdings, wenn ihr es tut, menschlich ist. Der Weg geht trotzdem dahin, zu erkennen, daß es euer Gefühl ist, eure Wahrnehmung, eure Beurteilung und nichts über den wirklichen Wert dieses Menschen, dieses Gefühls und dieser Umstände aussagt.

Es gibt Gefühle, die ihr eher mögt, eher in euch leben und zulassen könnt als andere, und ihr empfindet vielleicht auch, daß die einen Gefühle mehr Wert haben, besser oder richtiger sind als andere. Seid euch bewußt: Der Wert verschiedenartiger Gefühle ist ein und derselbe; - nur ihr gebt ihnen eine unterschiedliche Gewichtung. Das, was ihr fühlt, ist willkommen - und seien es Gefühle, die euch in tiefste Abgründe führen - sie sind nicht weniger und nicht mehr wert als andere Gefühle. Gefühle, die einige von euch als tiefste Abgründe sehen, ist sicherlich der Aspekt in euch, der morden könnte, der vergewaltigen könnte; der Aspekt von euch, der lügt und betrügt, der Aspekt, der sich für seine miesen Gedanken schämt. Jeder Mensch trägt all diese Aspekte in sich. Es ist in seinem „Mensch - Sein", in der Dualität als Information enthalten.

Ihr braucht euch für eure Gefühle und Gedanken nicht schämen. Ihr glaubt, damit anders oder schlechter zu sein und, wenn ihr diese Aspekte in euch nicht wahrnehmt, besser als andere zu sein. Seid gewiß, ihr irrt. Auch in anderen Menschen sind diese Aspekte enthalten, und auch wenn manche sagen, „das kenne ich überhaupt nicht", lügen sie in diesem Moment noch nicht einmal, weil sie wirklich niemals erlaubt haben, diese

Gefühle in sich zu spüren. Dennoch leben diese Aspekte in ihnen und bestimmen unbewußt einige ihrer Verhaltensweisen. Nichts geht in diesem Universum verloren. Indem Verschiedenes ignoriert wird, löst es sich nicht auf. Alles ist in euch. Das, was ihr nicht sehen und an euch nicht annehmen wollt, wirkt in euch mehr, als ihr euch bewußt seid. Eben weil diese Energie da ist, sucht sie sich Mittel und Wege, um in Erscheinung zu treten, und sei es noch so unterschwellig. Wenn ihr sagen könnt: „Ah ja, das fühle ich jetzt, okay" - dann kann dieses Gefühl auch wieder gehen. Ihr erkennt, daß es ein Teil von euch ist, dem ihr nicht zusätzliche Energien geben und dem ihr nicht immer Ausdruck verleihen müßt, wenn es nicht sinnvoll und angebracht ist, und von dem ihr euch nicht beherrschen zu lassen braucht. Ihr könnt eure Gefühle "da sein" und auch wieder gehen lassen. Eure Palette an Gefühlen, an Gedanken, - überhaupt die ganze Palette eures Menschseins - ist so vielfältig. Ihr seid viel mehr, als ihr glaubt, und vieles mehr, als ihr begreifen könnt. Ich bin du und du bist ich. Die Vielfältigkeit eures Bewußtseins mit den Energien und Aspekten im Irdischen ist für euch gar nicht faßbar; dies gilt umso mehr für die spirituelle Welt, in der ihr nicht viel mehr Aspekte eures Selbst habt als ihr es euch jetzt bewußt vorstellen könnt. Auch in diesem Bereich existiert ihr und seid weit mehr präsent als ihr glaubt. Und wenn ihr vielleicht einmal einige Jahre oder Jahrzehnte später auf verschiedene Phasen und Zeiten eures Lebens zurückblickt, werdet ihr euch bewußt, wie vieles, mit dem ihr euch früher identifiziert habt, heute für euch keine Bedeutung mehr hat und ihr euch heute mit anderen Dingen identifiziert. Ihr seid das alles. Ihr seid das Mädchen mit zehn Jahren und das, mit dem sich das Mädchen identifiziert hat. Ihr seid die Frau oder der Mann von heute, und wenn ihr älter seid, werdet ihr euch mit anderem identifizieren.

Letztendlich ist es notwendig, euch von all diesen Identifizierungen zu lösen und zu begreifen, daß ihr alles seid. Betrachte ich euch Menschen, erblicke ich oft eine große Härte, eine große Verbissenheit im Umgang mit euch und den Menschen in eurer

Umgebung. Jeder soll und will anders sein als er ist. Ihr wollt euch meistens in irgendwelche Bilder und Erwartungen pressen und habt genaue Vorstellungen von dem, was richtig und falsch ist. Ein großes Abenteuer beginnt, wenn ihr diese Vorstellungen immer wieder einmal über Bord werft. Sicher werden diese Vorstellungen wiederkehren, genauso sicher wie sie auch wieder verschwinden können. Öffnet euch der Unendlichkeit eures Bewußtseins, der Unendlichkeit eures Menschsein. Vieles, was ist, könnt und werdet ihr nicht in vollem Ausmaß begreifen, und das ist auch nicht notwendig. Wichtig ist nur zu wissen, daß ihr die Dinge oft aus einem begrenzten Blickwinkel wahrnehmt.

Ich möchte euch verdeutlichen, daß alles, was ist, seine Berechtigung und seinen Wert hat. Es geht nicht darum, zu sagen, daß das eine besser oder wichtiger als das andere ist. Es gibt kein absolutes Urteil. Es gibt nur euer Gefühl.

Es gibt ein wunderschönes Gedicht von Erich Fried, dessen zentraler Satz ist: „Es ist, was es ist - sagt die Liebe". Es ist zu Beginn dieses Buches abgedruckt.

Eure Entwicklung wird mehr und mehr in diese Richtung voranschreiten. Immer mehr Menschen werden lernen, die Menschen, die Umstände, die Gefühle das sein zu lassen, was sie sind. Es ist nicht notwendig, über alles ein Urteil parat zu haben. Es ist nicht notwendig, zu richten und zu werten. Das Gefühl tief in eurem Herzen, diese Art von Liebe, die frei ist und nicht besitzen will, wird euch mehr und mehr die Dinge annehmen lassen, wie sie sind.

Werdet wachsam für Situationen, in denen ihr urteilt und wertet. Laßt euch eure Wertung für diesen Moment. Verurteilt euch nicht dafür. Urteil und Wertung gehören noch zu eurer Menschheit, und ihr helft niemandem, wenn ihr euch für euer Bewerten und Urteilen verurteilt. Vielmehr sagt euch: „Nun gut, ich werte und urteile in dieser Situation. Warum tue ich das, welche Gründe gibt es? Bin ich verletzt? Fühle ich mich minderwertig? Habe ich Angst?" usw.

Erforscht das Gefühl in euch, das euch zu Urteil und Wertung veranlaßt. Ihr selbst kennt ja auch das Gefühl, bewertet und verurteilt zu werden, verbunden mit dem Schmerz oder der Enttäuschung, nicht in eurer Ganzheit gesehen und geliebt zu werden. Ich weiß, wie schwer es für euch ist, euch von Urteil und Beurteilung von außen wie auch von euch selbst frei zu machen und euch nicht verletzen und beunruhigen zu lassen. Erinnert euch daran, daß eure Seele und ihr auf einer Ebene bereits vollkommen seid. Es ist für euch so schwer, euch von diesen Urteilen und Bewertungen frei zu machen. Es ist ein so zentrales Thema in eurem Menschsein. In den Momenten, in denen ihr euch von Urteil und Wertung befreien könnt, seid ihr in Liebe, Verbundenheit und Annahme. Unter dem Schleier der Wertung und des Urteils liegen Einheit, Freiheit und Liebe verborgen.

Es ist von großer Wichtigkeit, daß ihr manchmal bewußt einfach abgebt und vertraut in den Lauf der Dinge, auch wenn ihr sie in jedem Moment nicht wirklich begreifen könnt. Vertraut, daß manches Teil eines großen Plans ist, den ihr vor dieser Inkarnation selbst entworfen habt. Die Antworten werden sowieso zu euch kommen, wenn ihr eure Augen und Ohren offen haltet, um sie hören und sehen zu wollen. Und wenn ihr eure innere Welt erforscht, werdet ihr merken, wie unendlich sie ist. Viel größer, viel unendlicher, als ihr ahnt. Und genauso ist es mit dem äußeren Universum, das so unglaublich vielfältig ist. Ich fühle mich euch Menschen sehr nah aus den Erfahrungen meines Menschseins, und auch jetzt bin ich mir der allumfassenden Liebe bewußt und der Wichtigkeit, das „Menschliche, Unzulängliche" eures Sein zu lieben.

Und erinnert euch: Es ist auch euer Weg, früher oder später zu der Liebe in euch zurückzufinden und reine Liebe zu sein. Die Liebe zu allem, was ist, zu fühlen, zu eurem Menschsein, zu euren Gefühlen, wie immer sie aussehen mögen. Freut euch des Lebens - eures Lebens. Es ist eine wunderbare Chance, so viel über euch zu lernen. Es ist die Möglichkeit, sich tief auf das Leben, die Liebe und die Freude einzulassen. Freut euch eures

Lebens, denn es ist ein großes Geschenk.

Ich bin mir bewußt, daß ihr es oft gar nicht als Geschenk, denn mehr als Last empfindet. Vertraut, die Liebe ist unendlich und allgegenwärtig. Sie führt euch zu der Freude eures Lebens, und mit der Energie der Freude möchte ich mich jetzt von euch verabschieden.

Selbstliebe

Die Liebe zu euch selbst ist ein so zentrales Thema in eurem Leben. Euch selbst zu lieben und anzunehmen, als die, die ihr seid, ist unvorstellbar wichtig. Von diesem Punkt aus erstrecken sich viele Themen eures Lebens.

Es ist eine Schwierigkeit für viele Menschen, sich selbst wirklich zu lieben. Viele von euch fühlen sich oft nicht genug von anderen Menschen geliebt. - Und wenn ihr euch nicht ausreichend von anderen Menschen geliebt fühlt, dann fragt euch: „Ist die Liebe zu mir selbst groß genug? Liebe ich mich selbst in diesem Moment? Liebe ich mich selbst mit diesem oder jenem Verhalten, mit diesem oder jenem Gefühl? Lehne ich mich selbst gerade dafür in diesem Moment ab?"

In euch liegen ganze Landkarten von Gefühlen und Eigenschaften, die ihr für liebenswert und nicht liebenswert haltet. Je nach eurem individuellen Wertesystem wertet ihr euch ab, bestraft euch für dieses oder jenes Gefühl, für diese oder jene Eigenschaft. Ich möchte an dieser Stelle etwas über die Verantwortlichkeit und das Annehmen eurer Schattenseiten sagen.

Eng verbunden mit dem Annehmen eurer Schattenseiten ist die Selbstliebe, das heißt: Euch auch für das zu lieben, was ihr nicht so sehr an euch mögt, von dem ihr glaubt, es sei nicht liebenswert. Aber gerade diese Anteile benötigen eure Liebe. Lernt, euch trotz alledem zu lieben, zu sagen: „Nun gut, das finde ich nicht gut an mir und dennoch, das bin auch ich. Ich bin ein Mensch, und ich vereinige „Gutes" und „Schlechtes" in mir. - Und all das darf sein. Ich darf mich lieben für alles, was ich bin. Ich darf in Liebe mit mir selbst sein in jedem Moment."

Die Liebe ist die Kraft, die euch erlöst aus euren Qualen, aus eurem Schmerz, und nichts in eurem Leben geht an der Liebe zu euch selbst vorbei. Viele eurer Probleme sind auf einen Mangel an Liebe zu euch selbst zurückzuführen. Es gibt die einen oder anderen Sätze, die euch prägen:

„Ich darf mich gar nicht lieben, das ist egoistisch und eigennützig. Ich darf nur andere Menschen lieben."

„Ich darf mich nicht um mich selbst kümmern. Ich darf nicht lieb zu mir selbst sein, - dann nehme ich anderen Menschen etwas weg - dann vernachlässige ich andere Menschen - dann fühlen sich andere Menschen nicht mehr geliebt."

„Selbstliebe ist reiner Egoismus. Selbstliebe ist eigennützig und beachtet den anderen und seine Bedürfnisse nicht mehr."

„Wenn du dich selbst so sehr liebst, dann liebst du andere zu wenig und dann wirst du niemals in den Himmel kommen. - denn nur sich für andere aufopfernde Menschen kommen in den Himmel."

Dies sind einige mehr oder weniger überzeichnete Gedankengänge, die in vielen von euch, auch wenn ihr bewußt anders denkt, in tieferen Schichten existieren. Ihr habt sie oft von euren Eltern und von der Gesellschaft eingeprägt bekommen. Auch diese Gedanken entspringen einem Gefühl des Mangels, aus einem Denken, aus einem Gefühl heraus, daß Liebe festgehalten werden muß und Besitz ist; daß nicht genug Liebe für alle Menschen da ist und die Liebe gut aufgeteilt werden muß.

Das entspricht nicht der Wahrheit. Liebe ist eine unendliche Quelle, die, wenn ihr euch mit ihr verbindet, unerschöpflich ist. Die Liebe ergießt und verströmt sich. Liebe muß nicht festgehalten, nicht berechnet, nicht genau verteilt werden. Sie kommt und geht und fließt und vergießt und erstreckt sich dorthin, wo immer sie sein darf, wo immer diesem Gefühl, diesem Sein, Raum und Platz gegeben wird. Vergeßt niemals - Liebe ist eine unerschöpfliche Quelle, und auch wenn ihr euch selbst liebt, wird die Quelle der Liebe für andere nicht versiegen.

Wenn ihr euch selbst liebt, könnt ihr die Liebe zu anderen Menschen fließen lassen. Wenn ihr euch selbst liebt, ist Liebe zu anderen Menschen und das Gefühl von Mitgefühl frei von Abhängigkeit, frei von Besitzenwollen. Wenn ihr euch selbst liebt, seid ihr frei und unabhängig. Schenkt ihr dann einem anderen Menschen eure Liebe, ist in jenen Momenten an diese Liebe keine

Bedingung und keine Erwartung geknüpft. Ihr fühlt euch vollkommen und ihr seid vollkommen so, wie ihr in diesem Moment seid, und ihr könnt eure Liebe frei und offenen Herzens jeder Blume, jedem Baum, jedem Menschen schenken. Ihr seid in dem Raum, wo alles, wie es ist und wie es existiert, vollkommen ist, und eure Augen sind geöffnet für die Schönheit dieser Momente, für die Schönheit dessen, was euch in dem Moment begegnet. Ihr erblüht in ungeahnter Schönheit, wenn ihr lernt, euch selbst mehr zu lieben. Unglaubliche Kräfte entfalten sich in euch. - Und genau davor habt ihr oft Angst. Eine Angst, daß ihr, sobald ihr so schön und kraftvoll in eurer eigenen Energie seid, nicht mehr von anderen geliebt werdet und Neid und Eifersucht auf euch zieht und einer anderen Person etwas wegnehmen könntet oder sie mit Gefühlen konfrontiert, die sie nicht aushalten könnte.

Wißt ihr, ihr habt ein Recht darauf, euch selbst zu lieben!
Es ist euer Geburtsrecht, und es ist euer Geburtsrecht, in Liebe und Schönheit und in voller Kraft zu erstrahlen, euch zu lieben und den Raum mit eurer Energie aufzufüllen. Es gibt und wird genügend Platz für jeden geben, für alle Menschen, um in ihrer vollen Kraft, Stärke und Liebe zu strahlen. Ihr könnt alle so miteinander existieren. Euer Geburtsrecht ist es, euch selbst zu lieben und selbstverständlich zu sein, - zu sein, ohne irgendwelche Bedingungen, ohne irgendwelche Abhängigkeiten und Verstrickungen zu irgendeinem Menschen. Ihr seid keinem Menschen außer euch selbst verpflichtet. Eure Gefühle sind eure Gefühle, und sie dürfen sein, sie dürfen leben.
Die Liebe zu euch ist ein wirklich zentraler Punkt. Und all die Liebesbeziehungen und Themen des Sichgeliebt- oder Nichtgeliebtfühlens in Beziehungen mit anderen Menschen sind ein Spiegel eurer Liebe zu euch selbst. - Und immer, wenn ihr das Gefühl habt, nicht genug geliebt und anerkannt zu werden, fragt euch: Liebe ich mich in diesem Moment? Erkenne ich mich selbst an?
Ihr könnt euch Worte und Sätze, die für euch kraftvoll klingen, kreieren und diese wie ein Mantra wiederholen oder als Gebet

sprechen. Ich gebe euch einige Beispiele:

Ich bin Liebe.
Ich bin Fülle.
Es ist mein Geburtsrecht, meine Kraft und meine Liebe zu mir
selbst zu leben.
Es gibt genug Raum und Liebe für alle.
Ich verneige mich vor der Vollkommenheit meines Wesens und
spüre all die Liebe zu mir.
Ich fühle all die Liebe zu mir jetzt in diesem Moment.
Ich liebe mich und mein Leben.
Ich liebe mich mit allem, was und wie ich bin.
Ich liebe mich ohne Bedingungen.
Ich liebe mich ohne Wenn und Aber in diesem Moment.
Mein Geburtsrecht ist die Fülle.
Ich liebe mich. Ich liebe mich. Ich liebe mich.
Ich verbeuge mich vor der Schönheit und Vollkommenheit
meiner Seele, meiner Göttlichkeit.

Ihr könnt einige Sätze, die euch entsprechen, für euch wäh-len. Spürt, welche Worte euch berühren. Ihr könnt auch die ganzen Sätze wiederholen und sprechen, wie ein Gebet. Ihr könnt auch bitten:

Laß mich meine Liebe zu mir selbst spüren.
Hilf mir die Liebe zu mir selbst zu finden.

Ihr könnt eure geistigen Wesen, die euch begleiten, um Unterstützung bitten. Ihr könnt euch auch mit meiner Energie verbinden. Ihr könnt die Farbe Rosa in euch einfließen lassen oder euch mit Rosa umhüllen. Es gibt so viele Möglichkeiten, und wenn ihr finden wollt, dann werdet ihr finden. Ihr könnt der Liebe zu euch selbst auch in einem Ritual begegnen. Ihr könnt euch selbst streicheln, ihr könnt euren Körper und euch selbst berühren, wie ihr einen anderen Menschen berührt, den ihr ganz tief liebt. Ihr könnt euch selbst umarmen. Es gibt so vieles, das ihr in euer tägliches Leben ohne großen Aufwand einbauen könnt, um euch zu erinnern und zu spüren, wie wichtig die Liebe zu euch selbst ist.

Legt immer wieder Phasen der Besinnung ein, in denen ihr zu euch zurückkehren könnt, wenn ihr euch verloren habt. Es gibt unendlich viele Wege. Welchen Weg ihr zu der Liebe zu euch selbst geht, ist völlig unwichtig. Wichtig ist, daß ihr ihn immer wieder reinen Herzens und voll Entschlossenheit geht. Welche äußere Form dieser Weg hat, ist so unwichtig. Einzig das Gefühl der Liebe zu euch selbst zählt. Viele Probleme, viele Konflikte, die ihr habt, werden sich verwandeln in dem Moment, in dem ihr euch in diesem Konflikt selbst liebt und annehmt.

Der Schlüssel zur Erlösung vieler Schwierigkeiten in eurem Leben ist die Liebe. Überprüft, vielleicht gibt es Geschehnisse in eurer Vergangenheit, oder auch jetzt, wo ihr das Gefühl habt, ihr könnt euch selbst nicht verzeihen, wo ihr das Gefühl habt, Grundlegendes „falsch" gemacht zu haben, - ihr das Gefühl habt, daß dieses oder jenes an euch überhaupt nicht liebenswert ist. Laßt all diese unbewußten und bewußten Gedanken und Gefühle, die euch davon abhalten, euch selbst zu lieben, in euch aufsteigen. Diese Gefühle und Gedanken sind ganz wichtiges Material auf dem Weg, euch selbst zu lieben. Hört diesen in euch existierenden Sätzen und Gefühlen zu, denn nicht irgendwelche unpersönliche, abstrakte Gedanken wollen in Liebe verwandelt werden. Es ist keine reine Kopfangelegenheit. Wichtig ist, Zugang zu euren Gefühlen des Nichtgeliebtfühlens, Nichtliebenswertseins, zu bekommen und dann damit zu arbeiten, um sie in Liebe annehmen zu können.

Ein Schritt kann und wird oft sein, eben diese Gefühle und Sätze des Sichungeliebtfühlens, des Sichschuldigfühlens aus der Dunkelheit ans Tageslicht zu bringen, um dann möglicherweise euch selbst zu verzeihen, wenn nötig auch aktiv etwas zu ändern, oder es still in Liebe anzunehmen. Es gibt viele Möglichkeiten, und vieles ist von eurem individuellen Erleben abhängig. Was ist und bleibt:

Die Liebe zu euch selbst wird euch und andere heilen.
Liebt ihr euch selbst, so werdet ihr andere
Menschen lieben in Freiheit und Achtung.
Wenn ihr euch selbst liebt, werden die Blumen blühen,
ihr werdet euch kraftvoll fühlen und das Leben genießen.
Ihr werdet euch lebendig fühlen, ekstatisch und
voller Lebensfreude.
Wenn ihr euch selbst liebt, ist das Leben ein Fest,
ist das ganze Leben Liebe.
Wenn ihr euch selbst liebt, lebt ihr den Himmel auf der Erde
und die Erde im Himmel.
Wenn ihr euch selbst liebt, findet die
Vereinigung von Mann und Frau,
die Vereinigung der Gegensätze in euch selbst statt.

Natürlich ist es für euch Menschen schwierig, diese Energie der Selbstliebe in jedem Moment eures Lebens zu halten. Es wird den meisten von euch nicht möglich sein, und das ist auch nicht notwendig. Wichtig ist nur, daß ihr diese Qualität der Selbstliebe mehr und mehr in eurem Leben entwickelt. Niemand erwartet, daß ihr euch in jedem Moment lieben müßt. Macht keine Leistungsgeschichte daraus und seid ehrlich zu euch, werdet bewußter und lernt, euch mehr zu lieben.

Ihr bekommt so viel Unterstützung von geistigen Wesenheiten. Ich beobachte immer wieder, wie mehr und mehr Menschen die Liebe zu sich selbst entdecken. - Und wie sich die Liebe mehr und mehr in einer kollektiven Schwingung auf eurem Planeten ausbreitet. Ich bin mit euch. Auch meine Schwingung der Liebe ist in jedem von euch verankert. Ein Aspekt von mir ist in jedem von euch. Lernt, dieser Liebesenergie eure Ohren, euer Herz und eure Augen zu öffnen, und im selben Moment ist sie da.
Die Liebe ist immer und fortwährend. Ihr müßt euch nur an sie erinnern und euch mit ihr verbinden. Die Energie der Liebe ist ewig und immerwährend, sie existiert in jedem Moment. Liebet euch selbst, denn in Wahrheit seid ihr Liebe.

Könnt ihr die Liebe zu euch selbst fühlen? Wißt ihr, was euch zurückhält, was euch daran hindert, euch selbst zu lieben? Welche Sätze, welche Gedanken, welche Gefühle? Die Liebe zu euch ist die Grundlage für die Liebe zu allem, was außerhalb von euch ist. Ihr könnt eine Blume, eine Pflanze, einen Menschen nicht wirklich lieben, wenn ihr nicht euch selbst liebt. Wenn ihr das Gefühl habt, daß ihr sehr wohl liebevoll mit anderen Menschen sein könnt, aber sehr hart, bestrafend und überkritisch mit euch, dann gilt es, eure Gefühle und euer Verhalten zu überdenken und nachzufühlen.

Ich unterstelle euch an dieser Stelle, daß auch das Tun und das Gefühl der Liebe für andere Menschen nicht immer wirklich frei und unabhängig ist und nicht unbedingt dem Gefühl reiner Liebe entspringt. Seid euch dessen bewußt. Es gibt niemanden, der besser, schöner oder vollkommener ist als ihr. Ihr seid gleichberechtigte Wesen, und jedes Wesen hat ein Recht auf Liebe, Glückseligkeit, Lachen und Genuß. Es ist das Recht eines jeden Wesen, geehrt, anerkannt und geliebt zu werden und sich selbst zu lieben und zu respektieren.

Wenn ihr beginnt, eine andere Person als wichtiger zu empfinden und euch selbst nicht wichtig zu nehmen, dann haltet inne und macht euch bewußt: Jedes Wesen ist wertvoll, jedes Wesen hat ein Recht auf Leben, auf Liebe und Glückseligkeit, auch in diesem Moment. Es gibt niemanden, der wichtiger und wertvoller ist als du und genauso wenig jemanden, der weniger wichtig, wertvoll und liebenswert ist als du.

Die Liebe läßt alles so sein, wie es ist. In den Augen der Liebe darf alles gleichberechtigt nebeneinander existieren - Gut und Böse, Besser und Schlechter, Wichtig und Unwichtig - alles löst sich in ihr auf. Letztendlich sind wir alle gleich, wie unterschiedlich, wie individuell wir auch sein mögen.

In eurer Gesellschaft ist so vieles auf Leistung, auf Konkurrenz und auf Trennung ausgerichtet. Ihr steht unter sehr starkem Druck, und viele von euch haben die Angst, zu versagen. Die Angst, nicht „gut" genug zu sein und damit abgelehnt und nicht geliebt zu werden, ist in euch sehr groß. Diese Energie ist in eurer Gesellschaft sehr verbreitet. Ihr bekommt diese Botschaften von euren Eltern und von der Gesellschaft vermittelt. - Und eben diese Angst, zu versagen, nicht geliebt und anerkannt zu werden, geht bei vielen von euch bis hin zu dem Gefühl: „Wenn ich versage, wenn ich nicht gut genug bin, dann werde ich vernichtet. Wie soll ich das überleben?"

Es ist mit großen Existenzängsten verbunden. Aus eurem System gesehen, ist es sehr leicht nachvollziehbar, wie ihr zu solchen Gefühlen kommt. Aus unserem Blickwinkel verhält sich das ganz anders.

Eure Aufgabe ist das reine Sein und allein deshalb, weil ihr existiert und als Mensch geboren wurdet, ist es euer Recht zu leben. Es ist euer Recht, zu lieben und geliebt zu werden. Es ist euer Recht, glücklich und frei zu sein, ohne irgend etwas dafür tun oder leisten zu müssen. Ihr seid geliebt, nur weil ihr seid. Ihr braucht euch die Liebe, das Gefühl von Angenommen- und Akzeptiertsein nicht zu verdienen. Es funktioniert nicht, und wenn ihr euch noch so sehr anstrengt, die Liebe zu euch selbst und anderen ist gewiß nicht zu verdienen. Ihr könnt euch „abrackern" und „abrackern" und wirklich alles tun, bewußt oder unbewußt, in der Hoffnung, dafür Anerkennung und Liebe zu erhalten, aber es gibt keine Garantie dafür, daß ihr sie auf diesem Wege bekommt. Vielleicht erlangt ihr diese Anerkennung auf einer oberflächlichen Ebene, aber das, wonach ihr wirklich sucht, werdet ihr so nicht finden.

Die Liebe zu euch selbst und zu anderen liegt in der Einfachheit. Ihr müßt nicht so oder so sein, um diese Liebe zu euch selbst und die Liebe von anderen zu euch zu erfahren. Liebe, wahre Liebe, ist nicht an Bedingungen geknüpft. Sie erwartet nicht, daß ihr das oder das tut, oder die oder die Eigenschaft habt, oder diese oder jene Leistung erbringt. Wahre Liebe ist so, wie sie ist. Sie liebt euch in jedem Moment, eben genau für das, was und wie ihr in diesem Moment seid.

Ihr verstreut und verpulvert so unendlich viele Energien mit der Anstrengung und mit dem Bemühen, in einer gewissen Art und Weise sein, handeln und fühlen zu müssen. In diesen Momenten bewegt ihr euch von euch weg. Ihr lauft der Liebe hinterher in dem Glauben, sich die Liebe und die Anerkennung verdienen zu müssen. Öffnet eure Augen mehr und mehr, das anzunehmen und zu lieben, was ihr in diesem Moment seid, egal, wo ihr gerade steht. Ich beobachte bei euch Gedanken wie: „Wenn ich das und das einmal geschafft habe, dann finde ich mich gut, dann mag ich mich." „Wenn ich das und das an mir verändert habe, dann werde ich mich lieben können."

Dieser Zeitpunkt, an dem ihr in euch angekommen seid, wird so niemals eintreten. Der Moment, in dem ihr glaubt, euch lieben zu können, wenn ihr eine bestimmte Bedingung erfüllt habt, wird nicht eintreten. In dem Moment, da ihr das erreicht habt, wofür ihr glaubt, euch lieben zu können, werdet ihr wieder ein neues Ziel haben, eine neue Bedingung. Es ist ein unbefriedigendes Spiel. Ihr könnt euer ganzes Leben damit verbringen und an der Liebe zu euch und zu anderen vorbeilaufen. Es wird euch große Qualen und Schmerzen zufügen. Es ist unglaublich anstrengend und das, was ihr sucht, werdet ihr so nicht finden. In Wahrheit sucht ihr die Liebe in euch. In Wahrheit wollt ihr in jedem Moment sein, einfach sein dürfen - ohne Wenn und Aber. Es ist wirklich euer Recht, euer Geburtsrecht. Niemand ist mehr oder weniger wert als ihr. Auch ihr Mütter und ihr Väter, die ihr eure Kinder liebt; sie sind nicht wichtiger, wertvoller als ihr. Es gibt Mütter und Väter, die viel bzw. alles für ihre Kinder tun und wenig für sich selbst. Auch das ist kein Gleichgewicht, auch das ist nicht immer die Motivation reiner Liebe. Euer Leben, eure Gefühle, euer Sein und eure Liebe zu euch selbst ist der Liebe zu euren Kindern ebenbürtig. Ihr müßt nicht eure Gefühle und eure Bedürfnisse verleugnen. Wenn ihr euch selbst liebt und auf eure Bedürfnisse achtet, selbst wenn das zur Konsequenz hat, daß ihr weniger Zeit für eure Kinder habt, dann ist die Liebe zu euren Kindern keineswegs geringer. Im Gegenteil, ihr könnt sie freien Herzens lieben und nicht aus dem Anspruch heraus, für sie da sein und sie lieben zu müssen.

Natürlich tragt ihr Verantwortung für eure Kinder, aber vergeßt niemals, ihr habt auch für euch Verantwortung. - Und diese Verantwortung für euer Wohlbefinden und für eure Gefühle ist wichtig. Sie ist niemals wichtiger als die Verantwortung für eure Kinder. Ich sage bewußt niemals. Ihr seid gleichwertige und gleichberechtigte Wesen. Damit meine ich natürlich nicht, einen vollen Egotrip auszuleben und jedem Bedürfnis von euch ungefiltert nachzugehen. Die Bedürfnisse eurer Kinder ganz aus dem Auge zu verlieren, ist wiederum eine andere „ungesunde" Form.

Wenn ihr die Bedürfnisse eurer Kinder und „die Liebe" zu euren Kindern im Vergleich zu der Liebe zu euch selbst wichtiger, bedeutsamer und notwendiger anseht, dann ist das auch eine Belastung für eure Kinder. Eure Kinder bekommen dann vieles aufgeladen, das zu euch gehört. Es ist zuviel und gleichzeitig zu wenig. So nehmt, ob Mann oder Frau, ob Mutter oder Vater, die Liebe zu euch selbst wichtig!

Nochmals: Ich meine nicht, daß ihr ungehindert alles, was euch in den Sinn kommt, ausleben und machen solltet. Es geht um ein Annehmen, um ein So-sein-lassen, wie es ist, und nicht um ein Aufpusten eurer selbst, genauso wenig wie um ein Aufpusten und Vergrößern einer anderen Person. Die Liebe zu euch läßt euch euer wahres Sein erkennen. Die Liebe zu euch öffnet euch ungeahnte Tore. Die Liebe zu euch ist nichts Eigennütziges, nichts Egoistisches, nichts Verwerfliches und nichts Schlechtes. Die Liebe zu euch ist euer Recht und die Grundlage dafür, einen anderen Menschen zu lieben. Und ihr dürft euch selbst lieben, ohne irgend etwas dafür leisten zu müssen. Freie und wahre Liebe stellt keine Bedingungen, weder an sich selbst noch an die anderen.

Es ist wichtig, daß ihr euch von Gedanken, für die Liebe Anstrengungen und Leistungen bringen zu müssen, befreit, was für den einzelnen unglaublich schwierig in eurer Gesellschaft ist, weil sie so tief verankert sind. Das Geschenk der Leistungs-gesellschaft verbunden mit dem Verdienenmüssen von Liebe ist gleichzeitig die Erfahrung, daß euch das nicht die Liebe, den Frieden und die Glückseligkeit gibt, die ihr sucht. Und umso mehr macht ihr euch auf die Suche, weil der Schmerz, die Liebe so nicht zu finden, so groß ist. Je weiter ihr euch von der Liebe entfernt, desto größer wird der Druck, etwas tun zu müssen, um die Liebe zu erhalten. Genau darin liegt auch die Möglichkeit, bewußt zu werden und nach etwas anderem zu suchen - zu su-chen, und die Liebe zu finden - bewußt zu finden - und zu sein.

Insofern ist es nicht „schlecht",- daß ihr glaubt, so viel tun zu müssen, anders sein zu müssen, um geliebt und anerkannt zu werden. Es war und ist eure Entscheidung, das zu lernen. Zu lernen, die Liebe in euch selbst zu suchen, unabhängig von ir-gendwelchen Bedingungen.

Und ich beobachte, daß immer mehr Menschen die Grenzen und den Schmerz fühlen, sich „Liebe" so hart erarbeiten und verdienen zu müssen. Und so viele Menschen suchen und fin-den immer mehr Liebe in sich und spüren, daß es all die Bemühungen und Anstrengungen im Außen nicht sein können. Ich freue mich zu sehen, wie mehr und mehr Menschen ihr Herz für die Liebe öffnen, für die Liebe in Freiheit, ohne Abhängigkei-ten und Bedingungen. Es gibt mehr und mehr ein Gegenge-wicht in euch und in vielen anderen Menschen.

Traut euch selbst. Traut euch, euch selbst zu lieben. Erinnert euch an den Frieden, an die Stille und an die Selbstverständ-lichkeit in Momenten, in denen ihr in Einklang mit euch seid. Und genauso wichtig, wie es ist, euch selbst zu lieben, ist es wichtig, die Erde und euer „Da - Sein" auf der Erde zu lieben.

Nehmt das an, was ist. Es ist wirklich eure Entscheidung. Ihr könnt euch entscheiden, euer Leben in Liebe und Frieden zu ver-bringen, oder ständig kämpfen und leiden zu wollen. Es ist wirk-lich eure Entscheidung, eure Verantwortung, ob ihr ein erfülltes und glückliches oder ein trauriges, belastetes und schmerzhaftes Leben erfahrt. Entscheidet euch in jedem Moment.

Jeder Moment trägt eine neue Chance,
euch und alles, was ist, zu lieben.
Ihr habt die Wahl, ob ihr hadert oder ob ihr euch frei fühlt. Nie-
mand hat euch wirklich jemals
zu irgend etwas gezwungen.
Niemand sagt euch, daß ihr leiden müßt.
Vertraut euch selbst.
Liebet das Leben mit allem, was ist.

Wenn ihr meine Botschaften und die anderer Wesenheiten hört, dann sprechen wir aus einer nicht-dualen Welt. Seid achtsam, unsere nicht-duale Blickweise nicht zu einer neuen Leistungs- geschichte zu machen. Bitte, das, was wir euch vermitteln, ist nicht besser, nicht wichtiger als das, was ihr seid, wo ihr steht. Vergeßt das bitte niemals. All eure Schattenseiten, all die Schwierigkeiten und all die Dinge des menschlichen Lebens - wertet sie nicht ab. Die Dinge in Liebe und Annahme zu be- trachten, ist ein wichtiger Weg, der euch in die Freiheit führt. Und dennoch, wertet euch nicht ab, wenn ihr diese Liebe nicht spürt, wenn ihr Haß und Wut empfindet, wenn ihr Gefühle der Trennung habt. Das ist alles vollkommen in Ordnung. Ihr braucht sie nicht verleugnen, wenn ihr sie fühlt, weil ihr glaubt, sie wären nicht gut und euch dafür zu schämen. - Wirklich nicht! Die Vielfalt menschlicher Gefühle und eurer menschlichen Da - Seins - Formen mit allen Aspekten ist in sich göttlich. Also ach- tet darauf, nicht in der Form nach dem Göttlichen und Himmli- schen und der bedingungslosen Liebe zu suchen, daß ihr das Erdhafte und all eure menschlichen Gefühle ablehnt, niedriger bewertet und verleugnen müßt. Das ist nicht der Weg, und das ist nicht mein Verständnis, meine Energie von bedingungsloser Liebe.
Wir geistigen Wesen und unsere Sichtweisen sollen nicht wich- tiger sein als ihr selbst. Wir sind nicht besser als ihr. Ihr tragt die Göttlichkeit des ganzen Universums in euch. Vertraut euch und eurer Weisheit und seht die Schönheit und die Lebendigkeit des menschlichen Seins. - Eben auch des dualen Erlebens. Auch

wenn das duale Leben euch manchmal großen Schmerz zufügt, so dient es euch auch.

Natürlich seid ihr nicht diese Dualität oder euer duales Empfinden. Ihr seid einheitlich und göttlich und all - eins. Die Erfahrung des Dualen und auch der Schmerz des Dualen haben euch gedient und dienen euch noch immer. Insofern darf es sein und ist das, was es ist. Nicht besser und nicht schlechter als etwas anderes. Es ist eure Entscheidung, was ihr wollt und was ihr braucht. Es ist eure Entscheidung, euch für den Schmerz oder für die Liebe zu entscheiden. Es ist eure Entscheidung, in jedem Moment, in die Trennung oder in die Einheit zu gehen.

Und wenn ihr eines Tages aufsteigen werdet in das Reich der Liebe, dann wird es nicht der Moment sein, in dem ihr so sehr nach „oben" strebt, sondern der Moment, in dem ihr alles, was auf der Erde ist, annehmt und euch freut und genießt, eben da zu sein, und ihr die Vollkommenheit, die Schönheit der Erde und eures Seins auf der Erde akzeptiert und erlebt habt. -

Niemals in dem Moment, in dem ihr weg wollt, in dem ihr fliehen wollt, werdet ihr erhoben werden. Eure Aufgabe ist es, euch auf der Erde zurechtzufinden und dort zu lernen. Blickwinkel und Betrachtungsweisen anderer Ebenen, anderer Seins - Formen sind wichtig, damit ihr spüren könnt, daß ihr viel mehr als dieser duale Mensch, dieses duale Wesen seid und daß eure Seele unvergänglich ist und all - eins.

Und gleichzeitig ist es wichtig, diese Erfahrungen der bedingungslosen Liebe auf der Erde zu verankern, - sie sozusagen auf die Erde runterzuholen.

Es ist mir ein unsagbar großes Anliegen, besonders euch, die ihr euch für andere Wesenheiten interessiert, daran zu erinnern, niemals zu vergessen, mit den Füßen auf der Erde zu stehen und gut zu prüfen, in welchen Momenten ihr die anderen Welten und den Wunsch nach Licht benutzt, um vor eurem Da - Sein auf der Erde fliehen zu wollen. Sicherlich kann dies auch eine wichtige Erfahrung sein, mit anderen Welten in Kontakt zu treten, euer Leben aus einem anderen Blickwinkel zu sehen, auch wenn die Motivation die der Flucht war. Doch irgendwann in eurer Entwicklung ist es von Bedeutung, diese Erfahrungen des Himmels mit denen der Erde in euch zu vereinen und zu erkennen, daß es diese Trennung nicht gibt.

Wir beobachten, daß Bücher und Übermittlungen wie die unsrigen eine große Gefahr bedeuten, da sie von euch als Fluchtmöglichkeit benutzt werden. Umso wichtiger, euch zu sagen: Genießt euer Menschsein und freut euch, ihr Mittler des Himmels und der Erde! Vereinigt den Himmel und die Erde in eurem Herzen. Ihr Kinder der Erde, liebt euch so, wie ihr seid, in jedem Moment, und liebt die Erde, die ein lebendiges Wesen ist und euch die Erfahrungen ermöglicht, die für eure Entwicklung wichtig sind.

Die folgende Übung wird euch dabei helfen:

Stell dir vor, wie du in einem Kreislauf die Liebe, den rosa Strahl, von oben über dein Kronenchakra durch deinen ganzen Körper fließen und gleiten läßt; dann weiter durch die Füße die Erde mit der bedingungslosen Liebe des rosa Lichts versorgst und durch die Erde hindurch wieder in den Kosmos schickst, und dann durch dein Kronenchakra wieder in deinen Körper, in die Füße, in die Erde, - und wie so ein Kreislauf dieser rosa Energie entsteht.

Von Pflanzen und Tieren lernen

Ich habe mit euch über die Liebe zu euch und zu anderen Menschen gesprochen. Ich möchte dieses Gefühl der Liebe, der bedingungslosen Liebe und des Annehmens, hier erweitern auf die Bereiche, die ihr oft vernachlässigt - auf die Liebe zu den Pflanzen und Tieren.

Auch die Liebe zu den Pflanzen und Tieren ist ein wichtiger Bestandteil eures Lebens. Leider behandeln viele von euch Tiere und Pflanzen oft so, als wären sie euch untertan. Sie sind es nicht. Sie sind euch gleichwertig. Auch sie wollen von euch geehrt, geliebt und anerkannt werden. Auch sie schenken euch bedingungslose Liebe. Wenn ihr euch zum Beispiel einer Pflanze öffnet, mit ihr Verbindung von Seele zu Seele aufnehmt, dann könnt ihr Geben und Nehmen, ein Fließen von bedingungsloser Liebe zwischen euch spüren. Ihr seid von den Pflanzen und Tieren nicht getrennt, denn auch in euch existieren Aspekte von Tier und Pflanzenenergien, von Steinen und Mineralien. Öffnet ihr euch den Blumen, den Pflanzen, den Tieren und Mineralien, könnt ihr viele Informationen erhalten.

Sie warten darauf, mit euch in Kontakt zu treten. Ihr könnt ihre Botschaften hören, wenn ihr euch für sie öffnet, wenn ihr euer Herz öffnet für die Liebe, für die Botschaft, für das Wesen der in der Natur existierenden Wesenheiten. Auch sie stehen in Austausch mit euch, so wie ihr mit ihnen. Ihr könnt wirklich viel von ihnen lernen. Bei vielen Menschen ist eine Abfälligkeit, eine Minderbewertung von Steinen, Pflanzen und Tieren zu sehen. Das ist sehr traurig. Es ist nicht nur traurig für die Pflanzen und Tiere im Außen. - Es ist auch sehr traurig für diese Menschen, da sie ihre Verbindung zu Pflanzen und Tierenergien minderbewerten, unterdrücken und verneinen.
Auch das Tier in euch möchte leben, das Wilde, das Triebhafte, das Unbezähmbare, und dieser Anteil in euch ist nicht weniger wert als eine hochgeistige, intellektuelle Fähigkeit. In der Energie der Tiere steckt ein Teil eurer Wildheit, eurer Ungezwungen-

heit, eurer Lebendigkeit und eurer triebhaften Kraft. Lehnt ihr verschiedene Arten von Tieren ab und verachtet sie, so lehnt ihr auch diese entsprechenden Qualitäten in euch ab. -
Beobachtet Tiere, nehmt Verbindung zu ihnen auf. Laßt diese Erfahrung nicht nur im Außen, sucht diese Qualität, diese Energie, in euch und lebt sie. Sie wird und kann euch bereichern. Sie kann euch zu euren Wurzeln zurückführen.

Und dann, was ist mit der Schönheit einer Blume, die ihr bewundert, wenn sie farbenprächtig blüht? Was ist mit der Schönheit und der Farbenpracht in euch? Auch diese blühende Blume, diese wunderbare Blüte und Schönheit in euch will anerkannt, bewundert und geliebt werden. Auch dieser Aspekt in euch will leben.

Gehen wir zu den Steinen, zu ihrer Form, zu ihren verschiedenartigen Energien. Auch ihr Wesen existiert in euch,- die Beständigkeit, die Form und die Informationen von Tausenden von Jahren. All diese Aspekte leben in euch, und wenn ihr Verbindung zu den Tieren und Pflanzen, zu den Bäumen und Steinen, zu der Natur aufnehmt, erinnert euch, daß sie niemals getrennt von euch sind, sondern gleichberechtigt existieren. Erinnert euch an diese Energien in euch. Werdet in diesen Momenten zu Brüdern und Schwestern dieser Pflanze, dieses Baumes, dieses Steines oder was auch immer in der Natur existiert. Ihr könnt euch wirklich mit ihnen verbinden, sie in euch aufnehmen, sie fühlen. Ihr könnt dieser Stein, dieses Tier und diese Pflanze sein. Letztendlich könnt ihr euch selbst über sie erfahren, und sie erfahren sich über euch. Sie nehmen eure Energie der Liebe, der Achtsamkeit, der Ehrung und Anerkennung wahr. Eure Energie der Liebe läßt sie erstrahlen und auch ihr erstrahlt in Liebe, wenn ihr euch ihrer Vollkommenheit öffnet. Es ist ein Geben und Nehmen. Es ist ein Fließen, ein Austausch lebendiger Energien. Sie erfahren sich auch über euch, wie ihr über sie. Erweitert euren Horizont. Nehmt wahr, daß um euch herum so vieles mehr existiert als ihr glaubt.
Euer Blickwinkel ist oft wirklich sehr begrenzt. Ihr seid innerlich

oft so beschäftigt, so gefangen, daß ihr euch der „Wirklichkeit" um euch herum gar nicht öffnet. Ihr seid gefangen in euren alten Erfahrungen, den alten Mustern, den alten Wegen, die ihr einst gegangen seid. Das ist häufig euer Horizont. Ihr nehmt oft nur minimale Ausschnitte dessen wahr, was ist. Was ihr wahrnehmt, ist häufig von Altem geprägt und die Wiederholung alter Erfahrungen. Öffnet eure Sinne, eure Wahrnehmung für einen neuen Moment, für die Vielfalt von Möglichkeiten, für die Vielfalt von Wegen um euch herum. Nehmt den Stein wahr, auf den ihr tretet, nehmt den Baum wahr, der in der Nähe von euch lebt. Seht die Entwicklung von Blumen und Pflanzen, ihr Wachstum, ihren Lauf der Vergänglichkeit. Ein Erblühen und ein Sterben. Ein Sterben - eine Wandlung. Und gleichzeitig existieren sie immer weiter und immerwährend - genauso wie ihr. Sie warten auf eure Liebe und eure Aufmerksamkeit, und sie warten darauf, euch beschenken zu dürfen.

Wenn ihr ihnen eure Liebe schenkt,
wird sie vielfältig zu euch zurückfließen.
Es ist ein Fluß der Energien - ohne Anfang - ohne Ende.
Geben und Nehmen verschmelzen zu einem einzigen Sein.

Nehmt auch die kleinen, für euch oft unscheinbaren Wesenheiten in der Natur wahr. Öffnet eure Augen auch einer anderen Form von Schönheit als der euch vertrauten. Ihr könnt auch ein Spiel, eine Übung daraus machen, indem ihr mit wirklich aufmerksamen Augen durch die Natur geht. Öffnet eure Augen - richtig. Oder achtet einmal bewußt auf die Pflanzen und Steine - auf all das, was euch nicht so offensichtlich fasziniert. Öffnet eure Augen für all die anderen Dinge, die ihr sonst nicht wahrnehmt. -

Als nächstes seht die Schönheit und Vollkommenheit auch in den für euch fremden und für euch auf dem ersten Blick nicht so anziehenden Dinge. Experimentiert einmal damit und öffnet, im übertragenen Sinne, eure Augen und Herzen für all die kleinen und unscheinbaren Anteile in euch, die ihr für nicht so schön, nicht so wichtig und nicht so liebenswert haltet. Lernt auch, die nicht so perfekten und prunkvollen Anteile in euch wahrzunehmen, zu achten und zu lieben. Es kann ein beruhigendes und friedvolles Gefühl sein, euch diesen Bereichen zu öffnen. Es eröffnet euch ein Tor zu ganzheitlichem Sein. Auch das Unscheinbare gehört zu euch.

Was ist gemeint mit dem Unscheinbaren in euch?
Das Unscheinbare, das nicht Offensichtliche, das, was nicht in direktem Blickwinkel liegt, kann bei jedem Menschen ein anderer Aspekt sein. Bei einer schillernden Persönlichkeit, die eher ihre extrovertierten, nach außen gerichteten strahlenden und prunkvollen Anteile zeigt, mag es das Kleine, das Schüchterne in ihr sein. Bei einer Person, die viel Wert auf Bescheidenheit, Zurückgezogenheit und Bloß-nicht-im-Mittelpunkt-stehen, legt, mag das „Unscheinbare" genau das Entgegengesetzte sein - vielleicht der Anteil, sich einmal darstellen zu wollen, auffallen zu wollen und würde- und prunkvoll zu schreiten, oder was immer es auch sein mag.
Ich meine mit „unscheinbar" das Nicht-so-offensichtliche, das Nicht-so-Sichtbare, mit dem ihr euch konfrontieren solltet. Das ist nicht mit dem zu vergleichen, was ihr zum Beispiel als eine unscheinbare Person anseht. Ich meine das, was nicht offensichtlich, nicht augenscheinlich, nicht direkt in eurem Blickwinkel ist.
Öffnet euer Herz und erweitert euren Horizont, euren Blickwinkel und eure Wahrnehmung. Seid euch bewußt, daß ihr zur meisten Zeit nur Ausschnitte dessen wahrnehmt, was wirklich ist. Je mehr ihr in euch gefangen seid, je mehr Angst ihr habt und je mehr ihr von alten vergangenen Erlebnissen geprägt seid, desto enger wird euer Blickwinkel, desto weniger könnt ihr euch der bedingungslosen Liebe öffnen, denn alles, was ihr dann seht, hat eben diese Prägung und diesen Stempel alter Erfahrungen, dieser alten Ängste. Es ist nicht frei für das, was wirklich ist in diesem Moment.

Öffnet euch mehr und mehr dem, was ist. Öffnet euer Herz und laßt all die alten Erfahrungen hinter euch. Ihr könnt sie loslassen, jetzt und in jedem neuen Moment.

Alles, was existiert, ist jetzt, und alles, was existiert,
ist bedingungslose Liebe.
In jedem Moment könnt ihr euch der bedingungslosen Liebe
öffnen, der bedingungslosen Liebe zu jeder Pflanze, zu
jedem Tier, zu jedem Stein und zu jedem Menschen.
Vergangenheit und Zukunft und die Gegenwart sind eins.
Ihr seid jetzt und immer und fortwährend.
Versucht, immer mehr, all den alten Ballast,
all die alten Prägungen hinter euch zu lassen.
Es ist wirklich eure Entscheidung,
euch der Liebe in jedem Moment, zu jedem Wesen,
zu jeder Blume, zu jedem Stein zu öffnen.
Erkennt die vielfältige Schönheit menschlichen Seins
und aller sichtbaren und unsichtbaren Wesen,
von denen ihr umgeben seid.

Und ich sage euch wahrlich, was ihr aus eurem „Auschnitts-denken und -sehen", eurem sehr engen Blickwinkel oft als schön und liebenswert anseht, ist so begrenzt. Es ist so sehr von Wertung durchzogen. Alles, was ist, erfreut sich seiner eigenen Schönheit und Vollkommenheit. Die, die oft diese Schönheit und Vollkommenheit nicht sehen können, seid ihr. Das heißt aber nicht, daß dieses Tier, dieses Wesen, jener Stein und jener Baum und jeder Mensch nicht vollkommen in jedem Moment ist. Es ist nur eure Betrachtungsweise und die Abwesenheit von bedingungsloser Liebe. Also geht auf eine Reise zu dem, was ihr bis jetzt nicht so sehr wahrgenommen, nicht so sehr wertgeschätzt, nicht als schön befunden habt.

Wenn ihr euch darauf einlaßt, werdet ihr euch reich beschenken, und es werden sich neue Wege eröffnen. Ihr macht die Erfahrung von nichts Geringerem als die der Vollkommenheit und der Ganzheit. Mit jeder Blume, jedem Baum, mit jedem Tier und jedem Menschen, die ihr sonst nicht so wahrgenommen oder abgewertet habt, und denen ihr euch in bedingungsloser Liebe öffnen könnt, nehmt ihr ein Teil von euch an. Und ihr werdet euch erfreuen und spüren, wie ihr euch mehr und mehr vollständig fühlt, wie ihr mehr und mehr mit euch Frieden schließt. Ihr seid das Universum, und das Universum ist in euch. Alles, was im Außen ist, ist in euch, und alles, was ihr im Außen nicht lieben könnt, könnt ihr auch nicht in euch lieben. Und alles, was ihr im Außen nicht annehmen könnt, könnt ihr in euch auch nicht annehmen.

Wie innen, so außen - wie außen, so innen.

Ihr seid die Schöpfer eures Lebens, ihr seid die Schöpfer eurer Welt. Und all die Begrenzungen und all die Trennungen sind die Abwesenheit von Liebe. Denn Liebe ist Ganz - Sein, Liebe ist Aufgehobensein. Liebe ist die Verbindung und Verbundenheit mit allem, was ist - in Demut. Werdet euch bewußt, wie sehr ihr euch mit euren Bewertungen von euch selbst trennt, von euch selbst und den anderen, den Tieren, den Pflanzen und den Steinen, den Menschen und allem, was ist. Eure Bewertungen und eure eingeschränkte Aufmerksamkeit machen euch einsam.

Die Liebe und die Achtung für alles, was ist und existiert,
läßt euch all - eins und ein Funke von Glückseligkeit sein.
Werdet euch dieses eingeschränkten Blick - und
Erfahrungswinkels aus Wertungen und Ängsten bewußt,
damit ihr euch öffnen könnt für einen neuen Moment jenseits
alter Erfahrungen, jenseits der Zeit, in einem endlosen „Raum",
den ihr niemals verlassen habt und den ihr niemals verlassen
werdet - den Raum der Unendlichkeit, der
bedingungslosen Liebe, den Raum eures wahren Seins.
In diesem Raum lösen sich Raum und Zeit auf.
Es ist Sein, einfach Sein.

Solange ihr diese alten Erfahrungen, diese alten Prägungen in euch tragt, euch nicht von ihnen lösen könnt und sie immer wieder wiederholt, fragt euch: „Wozu dient mir diese Angst, diese Bewertung, dieser eingeschränkte Blickwinkel und dieser Schmerz? Was glaube ich dadurch zu gewinnen? Führt es mich zu Glückseligkeit und innerem Frieden?"

Und sucht dann nach Wegen, diese Einschränkungen gehen zu lassen, denn eure ehrliche Antwort auf diese Frage wird „nein" sein. Es ist eine Gesetzmäßigkeit, daß ihr in der Trennung und in der Wertung nicht zu wahrer Glückseligkeit gelangen könnt. Die Trennung und Bewertung und das Wiederholen alter Prägungen, verbunden mit Schmerz, darf sein. Es ist nur die Frage, was ihr wollt: Wollt ihr in diesem Moment leiden? Wollt ihr in diesem Moment die Trennung? Oder wollt ihr etwas anderes? Es ist einzig und allein eure Entscheidung. Und wenn ihr euch von alten Bestimmungen und alten Mustern lösen wollt, fragt euch: „Will ich das wirklich? Habe ich mich entschieden, dieses Muster gehen lassen und wandeln zu wollen? Brauche ich Hilfe und Unterstützung?"

Es ist eure Entscheidung, die ihr treffen müßt. Diese Entscheidung kann euch kein Therapeut, kein Heiler und Medium oder sonst wer abnehmen. Die Entscheidung liegt in euch. Es ist eure Arbeit. Letztendlich könnt ihr alles in jedem Moment auflösen. Es ist eure Entscheidung, wobei es aus eurer Sicht oft nicht möglich und machbar erscheint.

Auf der geistigen Ebene könnt ihr jedoch jederzeit auflösen, was ihr erschaffen habt. Es ist alles eure Entscheidung. Ihr mit euren Wünschen, euren Gedanken und Ängsten seid es, die erschaffen, und genauso könnt ihr dies alles auflösen und etwas Neues erschaffen.

Letztendlich ist reines Sein keine Projektion.
Es braucht nichts mehr erschaffen werden, weil alles ist.
- Liebe -
Öffnet euch für das nicht so Offensichtliche.
Öffnet euch für das, was ist, in jedem Moment in Liebe.

Liebe ist die Kraft, die euch eins - sein läßt mit allem, was ist.
Liebe ist die Kraft, die all den Schmerz, die Angst und
all die alten Belastungen befreit.
Liebe ist die Kraft, die euch das sein läßt, was ihr seid.
Liebe ist die Kraft, die euch in eurer vollen Energie
erstrahlen und erblühen läßt.
Liebe ist die Kraft, die euch mit einem
anderen Menschen fühlen läßt.
Sie ist die Kraft, die euch mit all den verschiedenen Anteilen,
mit den konträren Polen eins sein läßt.
Liebe ist die Kraft, die das Gegensätzliche vereint.
Liebe ist die Kraft, die Raum und Zeit auflöst.
Liebe ist die Kraft.
Liebe. Liebe. Liebe.
Verbinde dich mit diesem Wort!
Fühle es!
Wiederhole dieses Wort in dir.

Liebe, Liebe, Liebe.
Ich bin Liebe. Liebe ist in mir. Ich bin Liebe.

Demut und Dankbarkeit

Ich bin euch dafür dankbar, daß ihr meinen Worten lauscht, daß ihr euch öffnet für das, was ich euch zu sagen habe, für die Energie, die ich euch vermitteln möchte.
Es ist mir wirklich ein großes Anliegen, zu euch zu sprechen, und in mir ist eine große Dankbarkeit dafür, daß ihr euch mir öffnet.

Energie, die sich geben will, braucht einen Nährboden, um empfangen zu werden, und ihr seid der Nährboden, der meine Energie durch die Lektüre dieses Buches empfängt. Ihr seid der Kanal, der die Energie aufnimmt und in euer Leben trägt. Ihr seid meine Boten. Ihr seid Boten der Energie der bedingungslosen Liebe. Jeder von euch!
Jeder Moment, den ihr euch für die Energie der bedingungslosen Liebe öffnet, ist wertvoll und unvergeßlich. Jeder einzelne Moment, den ihr in bedingungsloser Liebe erlebt und erfahren habt, ist in euch gespeichert. Es wird immer leichter für euch, nach einer Erfahrung bedingungsloser Liebe wieder eine neue Erfahrung bedingungsloser Liebe zu machen. Es wird immer leichter für euch, euch an diese Erfahrung zu erinnern.

Jede Erfahrung, die ihr in bedingungsloser Liebe macht, erinnert wiederum andere Menschen an die Qualität der bedingungslosen Liebe. Es ist wie ein Schneeballsystem, und ein einziger Moment, in dem ihr euch der bedingungslosen Liebe öffnet, ist so wertvoll, so großartig und trägt das Potential enormer Wandlung und Veränderung in sich. Diese einzelnen kleinen Momente sind so wertvoll, auch wenn es euch vielleicht vorerst nicht möglich ist, euch immer und ununterbrochen in einem Zustand bedingungsloser Liebe zu bewegen.

Es ist auch gar nicht notwendig. Es ist nur notwendig, sich immer wieder an sie zu erinnern und eure Position im alltäglichen Handeln zu verändern und euren Blickwinkel zu erweitern. Jeder einzelne Moment, den ihr in bedingungsloser Liebe erlebt habt, ist so kostbar. Und seid gewiß, ihr könnt immer wieder in dieses Gefühl zurückkehren, ebenso wie ihr immer wieder in Gefühlen der Dualität leben werdet.

Und so wechselt ihr hin und her und springt von einem Gefühl, von einer Energie in die andere. Seid nicht allzu streng mit euch. Seid liebevoll und gütig mit euch. Bemüht euch, aber fordert nicht zuviel von euch. Wenn ihr zuviel von euch fordert, dann werdet ihr hart und eng, und es ist schwer für euch, euch wirklich zu öffnen. Und wenn ihr zuviel bedingungslose Liebe von euch fordert, werdet ihr das Gegenteil erreichen. So nehmt an das, was ist. Seid dankbar für die Momente, die ihr in bedingungsloser Liebe, in einem Annehmen, in einem Einssein mit allem, was ist, erleben dürft. Seid dankbar für die Schönheiten eurer Erde und seid dankbar für die Liebe, für das Mitgefühl und für all die schönen Erlebnisse und Gefühle, die ihr auf eurer Erde empfinden dürft.

Von der Energie der Dankbarkeit und der Demut möchte ich euch nun mehr erzählen.

Demütig zu sein, ist bei vielen von euch negativ besetzt. Demütig zu sein, ist für viele von euch Menschen schwierig.

Demut wird oft mit Unterwürfigkeit verwechselt. Doch Demut und Unterwürfigkeit sind zwei komplett unterschiedliche Energien. Demütig zu sein heißt auch, dankbar zu sein für das, was euch an Wunderbarem geschenkt wird, für das, was ihr euch an Wunderbarem erschaffen könnt. Demütig zu sein heißt, in der Bewußtheit zu leben, daß eine höhere göttliche Kraft euer allerhöchstes Wohl und euer allerhöchstes Gut im Auge hat und euch voller Liebe und Achtung führt. Ihr könnt vertrauen in die göttliche Kraft.
Ihr könnt aus eurem menschlichen Blickwinkel oft nicht erkennen, daß manche eurer Wünsche, Vorstellungen und Erwartun-

gen euch letztendlich nicht wirklich dienen, und so fühlt ihr euch manchmal bestraft oder meint, eure Wünsche würden nicht in Erfüllung gehen. Doch öffnet ihr euren Blickwinkel und öffnet ihr euer Herz, dann werdet ihr sehen, daß die göttliche Energie, die göttliche Kraft euer wirkliches Wohl als vieldimensionales Wesen und eure spirituelle und menschliche Entwicklung berücksichtigt. Und wenn ihr manche Dinge nicht versteht, dann seid demütig. Betet und bittet darum, die „höheren" Zusammenhänge verstehen zu dürfen und vertraut euch der göttlichen Kraft an.

Demütig zu sein heißt auch, dankbar zu sein für all die positiven Erfahrungen, die ihr machen dürft. Aber auch dankbar zu sein für die „negativen" Erfahrungen, die letztendlich keine negativen sind, denn sie helfen euch bei eurer persönlichen Entwicklung, helfen euch, den Unrat, der eure Seele, euer wirkliches Selbst belastet, auf Dauer zu beseitigen und zu erkennen, wer ihr wirklich seid.

Negative Erfahrungen helfen auch, euch von Identifizierungen zu lösen. Es ist ein großartiger Weg des Lernens. Manchmal ist dieser für euch schwierig und beschwerlich, und doch, all eure Erfahrungen dienen euch, zu der allerhöchsten Quelle göttlichen Seins zurückzukehren. Und wenn ihr eure Augen öffnet, dankbar und demütig, dann könnt ihr in all den erschaffenen Dingen, die auf der Erde existieren, und seien sie noch so unvollkommen, die Schönheit und Vollkommenheit erkennen, und ihr könnt auch erkennen, daß sie von göttlicher Energie erfüllt sind.

Und dafür ist es notwendig, daß ihr nicht auf die euch negativ erscheinenden Dinge herunterschaut und euch nur um euch selbst dreht. Sondern es ist wichtig, euer Herz zu öffnen und demütig zu sein, um die Dinge um euch herum wirklich zu erfahren, um euch wirklich zu öffnen für das, was ist. Demütig zu sein heißt auch, der Stimme Gottes zu lauschen und zu erkennen, daß euer menschlicher Horizont in manchen Situationen sehr beschränkt ist und von Ängsten, Wut, von den verschiedensten Gefühlen und Blickwinkeln beeinflußt wird. Demütig zu sein heißt, euch fallen zu lassen und der Liebe und der Energie des Göttlichen zu vertrauen.

Starke Teile in eurer Gesellschaft und große Teile in euch haben sich lange Zeit in die Richtung entwickelt, daß ihr alles kontrollieren und beherrschen könnt, daß ihr wißt, was richtig und falsch ist, und das beinhaltet eine große Arroganz. Es ist die Gegenseite der Demut - sich erhaben fühlen, sich wie Gott fühlen, der alles richten und alles formen kann. Es stimmt, ihr seid göttliche Wesen, und dennoch existiert in eurem Universum und in vielen anderen Universen eine göttliche Kraft, die viel größer ist als euer menschliches Ego. Der Blickwinkel eures Egos ist so sehr begrenzt. Das heißt für mich aber nicht, daß es, wie manche spirituelle Richtungen erklären, notwendig ist, euer Ego aufzugeben.

Ich glaube, es ist wichtig zu unterscheiden, was euer Ego, euer menschlicher Wille ist, was eure Gefühle sind - und was der göttliche Wille ist. Das ist vollkommen in Ordnung, und ihr könnt, wenn ihr wollt, euer Ego in manchen Momenten zur Seite legen und euch dem Göttlichen öffnen. Ebenso ist es für euch als Menschen in vielen anderen Situationen auch wichtig, dieses Ego zu haben, um auf einer praktischen menschlichen Ebene überleben zu können.
Es geht nicht darum, gar kein Ego zu haben, oder nur euer Ego zu leben. Es gibt einen ganz breiten Raum dazwischen. Sicherlich ist es erstrebenswert, euch nicht zu sehr mit euren Identifizierungen des Egos zu beschäftigen und zu viel Energie hineinzugeben. Sicherlich sollte ein Teil eures Weges sein, euer Ego mehr und mehr zur Seite stellen zu können und keine Wertung vorzunehmen. Es ist so, wie es ist. Macht euch keinen Streß. Liebt euer Leben mit all dem, was ist.

Demütig zu sein heißt auch nicht, all eure menschlichen Wünsche, eure Gefühle zur Seite zu stellen und euch plötzlich ganz klein zu machen. Demütig zu sein heißt, daß ihr euch in eurer vollen Kraft annehmt und anerkennt und gleichzeitig auch die göttliche Kraft in allem, was existiert, seht und auf die göttliche Kraft, die um einiges größer ist als euer Menschsein, vertraut. Schaut euch einmal die Menschen in eurer Umgebung an. Wo gibt es Grund, dankbar zu sein? Durch welche Erfahrung konntet ihr lernen? Seid auch dankbar und demütig für das, was ihr von anderen Menschen empfangt. Für das, was euch eure Eltern gegeben haben, was euch euer Partner gibt. Und vielleicht haben das Geben und die Geschenke, die ihr von anderen Menschen bekommt, nicht die Form, die ihr erwartet und auch nicht die Form, die ihr als Liebe und als „Geschenk" empfinden könnt. Aber auch hier könnt ihr einmal versuchen, euren Blickwinkel zu verändern und zu spüren:

Was ist das Geschenk, das deine Mutter dir gab durch Dinge und Erfahrungen, die du positiv erlebt hast? Und was ist das Geschenk, das deine Mutter dir gab durch Erfahrungen, die du negativ erlebt hast? Ob dein Erleben positiv oder negativ war, es kann ein Geschenk für dich gewesen sein. Schau einmal genau hin und sei dankbar für das, was du bekommen hast. Sieh die Größe und das Geschenk deines Gegenübers an dich.
Diesen Blickwinkel zu betreten heißt nicht, daß du alle kritischen Anteile über Bord werfen, alles verharmlosen und verschönern sollst. Nein, es bedeutet nur, dankbar und demütig zu sein für das, was du bekommen hast.
Auch die Gefühle der Wut, des Zweifels und der Verletzung durch eine andere Person sind wertvoll und wichtig. Du brauchst sie nicht einfach verschwinden zu lassen, aber vielleicht hast du trotzdem die Möglichkeit in dir, dich zu öffnen für das Geschenk deines Gegenübers an dich. Es wird dich in jedem Falle bereichern, genauso wie dein Gegenüber. Ihr Menschen könnt euch so viel untereinander geben.

Euer Blickwinkel für das, was ein Geschenk ist, ist sehr beschränkt. Ein Geschenk an euch kann in so vielfältigen Formen zu euch kommen, und so oft erkennt ihr es nicht als solches.

Geschenke an euch sind in eurer Vorstellung nur mit leichten, lichten Erfahrungen verbunden. Ein Geschenk, das in eine Lektion verpackt ist, ist oft nicht so leicht zu erkennen, im Gegenteil. Es ist oft wirklich sehr schwer zu erkennen. Aber wenn ihr demütig seid und euch der göttlichen Kraft öffnet, wird es euch leichter fallen, auch für euch verborgene Geschenke zu erkennen.

In mir ist so viel Dankbarkeit und Demut für den Schöpfer, für die göttliche Kraft, wenn ich sehe, was durch sie geschaffen wird und wurde. Ich bin dankbar, euch menschliche Wesen wahrnehmen zu dürfen. Ich bin dankbar! Ich bin dankbar, daß es meine Energie und all die Energien, die existieren, gibt. Es ist alles so vielfältig und so bunt, und ich blicke voller Dankbarkeit und Demut auf die Schöpfung, die uns erschuf, damit wir voller Bewußtheit und voller Gewahrsein zu ihr zurückkehren können, zurückkehren zum Ursprung, zum Einssein in der göttlichen Energie. Es ist eine wunderbare Erfahrung, und sie ist vollkommen. Und zur selben Zeit, während ich mich erinnere an meine menschlichen Inkarnationen, weiß ich, wieviel Schmerz euer Menschsein für euch in manchen Momenten bedeutet. Und dennoch: Viele Erfahrungen, die ihr in eurem Menschsein machen könnt, sind wirklich wertvoll, und es gibt viele Wesenheiten, die in anderen Universen leben und die euch um eure Erfahrungen beneiden.

Das Leben und Lernen in Dualität ist ein besonderes Projekt - eine unglaubliche Chance für schnelle Entwicklung und schnelles Voranschreiten. Weil ihr in der Dualität lebt und die Spannung der Dualität euch oft Schmerzen bereitet, machen sich viele von euch verstärkt auf den Weg, die göttliche Quelle zu suchen, das Göttliche in sich zu suchen. An dem Punkt, wo ihr das Entferntsein von der göttlichen Quelle besonders fühlt, werden die Sehnsucht und der Wunsch nach ihr besonders stark, denn ihr könnt den Schmerz kaum mehr ertragen und sucht danach, zurückzukehren. So begebt ihr euch auf den Weg, ganz bewußt zu lernen, euch Schritt für Schritt zu erarbeiten, wie der Weg zurück geht. Ihr lernt sehr viel kennen und seid dann ausgerüstet mit gutem Handwerkszeug. Wenn ihr diese Durststrecken und diese Schmerzen mehr und mehr hinter euch habt, seid ihr nicht mehr wie vorher und habt unendlich viel gelernt.

Und so versteht, die Chance, als Menschen zu lernen, ist unglaublich groß, und ihr macht große Schritte auf dem Weg der Rückkehr zur göttlichen Quelle. Ihr werdet bewußt. Ihr werdet bewußt, daß ihr göttliche Wesen seid, daß ihr göttliche Energie seid. Und ihr werdet bewußt, daß ihr so vielfältig seid und an vielen Orten, zu verschiedenen Zeiten, in vielen Dimensionen gleichzeitig existiert. Ihr werdet bewußt, daß ihr all-eins seid, daß ein Du und Ich nicht existiert, außer in der Welt der Dualität. Wenn ihr frei seid, dann könnt ihr euch entscheiden, in die Dualität zu gehen und es genießen, und ihr könnt die Schönheit der Dualität erkennen, weil ihr sie jederzeit wieder verlassen könnt. Und wenn ihr die Dualität in dem Bewußtsein eures wahren Selbst erlebt, dann ist sie ein Genuß.

Könnt ihr euch vorstellen, wie einzigartig Leidenschaft und sexuelle Anziehung in eurer Dualität sind? Es ist oft schmerzhaft, und doch ist es ein wunderbares Geschenk des Himmels an euch. Verliebt sein zu können und sexuelle Anziehung, das sind Empfindungen, die nur möglich sind, indem ihr euch als Ich und den anderen als Du wahrnehmt und euch danach seht, zusammenzukommen und miteinander zu verschmelzen.

Also betrachtet euer Leben, euer Menschsein aus einem Blickwinkel des Wohlwollens, der die Schönheit und Vollkommenheit erkennen läßt. Ihr werdet überrascht sein, was ihr alles in seiner Vollkommenheit und Schönheit sehen könnt, wenn ihr diesen Blickwinkel nehmt.

Ich liebe euch und euer Menschsein,
und ich fühle mich stark mit euch verbunden.
Ich möchte an dieser Stelle noch einmal betonen,
wer von euch eine Verbindung zu mir
und meiner Energie fühlt,

kann jederzeit mit mir in Kontakt treten.
Ich bin für euch da,
in jedem Moment und in jeder Zeit.
Ihr braucht mich nur bei meinem Namen zu rufen,
und ich komme zu euch.
Ich komme, um euch zu helfen,
bei euch zu sein und um euch zu stärken.
Ihr könnt auch über die Farbe Rosa,
die meiner Schwingung sehr nahe kommt,
Kontakt aufnehmen.
Die Farbe Rosa ist die Farbe der bedingungslosen Liebe,
die Farbe des Mitgefühls und der Sanftheit.

Über diese Farbe möchte ich euch an dieser Stelle noch mehr erzählen. Es stimmt, die Sanftheit und Zartheit der Farbe entspricht mir wirklich, und dennoch gibt es eine völlig neue Dimension. Es werden mit mir auch Sanftheit, Güte, Mitgefühl und bedingungslose Liebe in Verbindung gebracht. Doch es gibt eine Kraft und einen Aspekt von mir mit verschiedenen Facetten, der nicht genug gesehen wird. Ich bin zwar mit der bedingungslosen Liebe und der Sanftheit verbunden, und dennoch ist meine Energie sehr kraftvoll und sehr machtvoll. Es ist keine, nach eurem Verständnis „heilige Energie" in dem Sinne, daß Sexualität, Handlung und menschliche Gefühle ausgeschlossen sind. Im Gegenteil: Ich bin eine Verfeinerung der roten Energie, und das Rosa ist nicht in seiner gewaltigen Kraft und Macht zu unterschätzen. Mitgefühl und bedingungslose Liebe sind sehr starke Energien. Und ein Anliegen von mir ist es, euch mit dieser Kraft in Verbindung zu bringen. Doch ist es niemals möglich, in diese Energie einzutreten, wenn ihr nicht die irdischen und menschlichen Belange lieben lernt.

In mir ist auch die rote, erdende Energie, mit der ich in Liebe verbunden bin, und um so mehr ist es mir ein Anliegen, euch zu der Liebe zu eurer Erde und den menschlichen Dingen zu führen. Und dazu gehört auch, die Sexualität anzunehmen, sie lieben zu lernen, ebenso wie euren Alltag, eure Arbeit und all eure menschlichen Gefühle. Es ist kein sanftes Abgehobensein oder leichtes Schweben über der Erde. Es ist eine sehr kraftvolle und machtvolle Energie, und die Liebe in eurem Herzen kann sich nur so entwickeln, wie ihr auch die Liebe zu eurer Erde und all den menschlichen Belangen entwickelt und zu all dem, was in euch und um euch herum existiert. Sexualität ist eine starke Kraft, Wut ist eine starke Kraft. Der Wunsch und Antrieb, überleben zu wollen, ist eine starke Kraft. Die Energie zu manifestieren und zu erschaffen, ist eine enorme Kraft und Macht. Und um all diese Dinge solltet ihr euch kümmern. Ihr solltet euch darum kümmern, euren Planeten zu einem Ort der Kraft, der Macht und der Liebe zu machen.

Diese Trennung zwischen Heilige und Hure gibt es nicht. Meine Energie wird oft aus eurem dualen Blickwinkel in die Energie der „Heiligen" gespalten. Ich bin Heilige und „Hure" in einem, denn ich bin alles, was ist. Ich bin bedingungslose Liebe, und in mir existiert alles. Ich wehre mich, aufgespalten zu werden. Ich wehre mich!
Es dient euch nicht, denn wenn ihr mich an einen Pol der Dualität setzt, dann passiert dasselbe mit euch und ihr seid euch eurer Ganzheit nicht bewußt. Ihr spaltet euch selbst in Gut und Böse, in Besser und Schlechter. Bedingungslose Liebe umfaßt alles. Und so bin ich alles, auch das, was ihr denkt, was ich nicht bin. Genau das bin ich auch.
Um so wichtiger ist auch für euch, in euch selbst zu erkennen, daß ihr göttliche Wesen seid, die auf der Erde leben, und daß eure Erde auch göttliche Energie ist. Liebt sie und all die Erfahrungen, die sie euch ermöglicht. Liebt all die Möglichkeiten, die euer Leben euch schenkt. Liebt die Vielfältigkeit und liebt die Spannung, liebt die Dualität und all das, was existiert. Und dann nehmt diese positive Kraft und nehmt diese Liebe und erschafft euch eine neue Welt, indem ihr sie sein laßt, wie sie ist. Es ist eine wunderbare Erfahrung, wenn nichts mehr anders sein muß als es ist. Wenn ihr in euch ruht, zufrieden, dankbar und demütig für alles, was existiert. Es ist ein tiefes Glück. Es ist ein

Einssein mit Gott. Es ist ein Einssein mit allem, was ist. Alles vereint sich, die ganze Welt vereint sich in euch.

Um noch einmal zur Demut zurückzukommen zur Demut und zur Dankbarkeit: Diese Energie ist ein wichtiges Vehikel für euch zu eurer Glückseligkeit. Demut beinhaltet das Wort Mut. Ich sage euch, wer demütig ist, hat Mut - hat Mut, zu vertrauen, hat Mut, sich hinzugeben, hat Mut, einen Teil der Kontrolle abzugeben. Demut und Dankbarkeit sind auch eine Facette bedingungsloser Liebe. Eine wichtige Energie auf eurem Weg.

Und wenn du dich öffnest, laß ich nun die Energie der Dankbarkeit und der Demut zu dir fließen. Und weißt du, da ist auch meine Dankbarkeit und meine Demut an dich für das Geschenk und die Liebe, die du mir gibst, indem du meine Botschaft hörst. Es ist ein Austausch. Es ist ein unendlicher Fluß. Eine unendliche fließende Energie. So fließen all meine Dankbarkeit und Demut jetzt zu dir, zu dir, der du Partner auch auf meinem Weg zum göttlichen Alleinsein bist. Wir sind nicht getrennt voneinander, ich und du. Ich und du, wir lösen uns in der Energie der bedingungslosen Liebe auf. Demut und Dankbarkeit für alles was ist.

Seid gesegnet.

Anerkennung

Ich möchte mit euch über eure Erwartungen, eure Anforderungen an euch selbst sprechen.

Einige von euch sind selten zufrieden, sind selten zufrieden mit sich. Oft seid ihr nicht mit dem zufrieden, was ihr schafft, was ihr leistet, nicht zufrieden mit dem, was ihr tut. Es fällt euch schwer, euch Anerkennung zu geben, und so lauft ihr der Anerkennung und dem Lob durch andere Menschen nach. Ihr wollt von anderen etwas bekommen, das ihr euch selbst nicht gebt. Und manche von euch sind sehr traurig, weil sie selten zufrieden mit sich sind, weil ihr nicht vertraut in eure Leistungen und in das, was ihr macht und erschafft. Ihr habt oft Vorstellungen und Ziele, die ihr am nächsten Tag am liebsten schon erreichen möchtet und die oft viel zu hoch angesetzt sind. Damit verhindert ihr, daß ihr euch über die kleinen Schritte und das, was ihr alltäglich tut, freut. Lernt, euch zu lieben und anzunehmen mit eurem Tun und dem, was ihr erschafft und arbeitet. Wenn ihr zuviel von euch erwartet, verhindert ihr, daß ihr überhaupt etwas tut und mit beiden Beinen zufrieden im Leben steht, denn in euren Gedanken existieren Ideen, die auf irdische Belange bezogen oft sehr unrealistisch sind.
Verliert eure Ziele nicht aus den Augen, aber laßt euch Zeit, für Pausen und Momente der Anerkennung, des Lobes und der Liebe zu euch selbst, sonst werdet ihr durch euer Leben rennen und niemals zufrieden sein. Betrachtet jeden einzelnen Tag und seid mit dem zufrieden, was ihr an diesem Tag getan, gefühlt und geschaffen habt. Seid gewiß, ihr werdet so viel Größeres tun, viel mehr bewirken, als wenn ihr zu sehr nach „Perfektion" strebt. Behaltet eure Ziele im Auge und seid geduldig auf dem Weg, geduldig und voller Anerkennung für euch selbst. Oft, wenn ihr euer Ziel erreicht habt, sucht ihr euch wieder ein neues Ziel und gestattet euch manchmal kaum mehr als einen Moment, um euch wirklich zu freuen. Euer Ziel erreicht zu haben und stolz auf euch zu sein und eure Leistung, und euer Tun vor euch selbst anzuerkennen. Ihr rennt innerlich weiter und weiter,

weiter und weiter. Und selbst wenn ihr all die Ziele erreicht, die ihr euch gewünscht habt, seid ihr immer unzufrieden, weil ihr euren Erfolg nicht registriert, euch nicht anerkennt und nicht die Zeit und die Muße laßt, euren Erfolg zu genießen.

Ist es nicht auch euer Wunsch, im Leben glücklich zu sein? Ist es nicht euer Wunsch, euer Leben zu genießen? Laßt los und vertraut in den Fluß des Lebens, in den Ablauf jedes einzelnen Tages und in die Anforderungen, die an euch gestellt werden und darauf, daß ihr diese in einem Maße erfüllt, das euch erlaubt, glücklich und zufrieden zu sein. Es ist wirklich so: Wenn ihr Schritt für Schritt euren Weg geht und eure Ziele und Wünsche vor Augen habt und euch über jeden einzelnen Schritt freut, wird die Erfüllung eurer Ziele und Anforderungen nicht mehr so wichtig, denn ihr freut euch und seid zufrieden mit jedem Schritt, den ihr getan habt. Wenn ihr euch zum Sklaven der Erfüllung eurer Anforderungen und eurer Ziele macht, wird euer Wunsch nach Liebe, Geborgenheit und Anerkennung nicht in Erfüllung gehen. Euer Wunsch, euch zu lieben, stolz auf euch zu sein und euch anzuerkennen, ist ganz natürlich. Nur wenn ihr zu viel oder zu schnell Erfolg von euch verlangt, eure kleinen Erfolge nicht registriert und euch nicht darüber freut, werdet ihr nicht glücklich sein. Die Zufriedenheit und das Glück liegen schon auf dem Weg zu eurem Ziel, zu der Erfüllung eurer Wünsche, auf dem Weg zu eurem Erfolg.

Es beginnt an jedem einzelnen Tag deines Lebens. Es gilt, dich auch zu lieben, wenn du einmal nichts Besonderes leistest, auch wenn du deine Ziele nicht verfolgst, und dich auch zu lieben, wenn du keine Ziele hast und einfach nur bist. Es gilt, dich zu lieben, so wie du bist, ohne dir irgendetwas verdienen zu müssen. Nimm du dich an so, wie du bist. Und niemals wirst du wirkliche Anerkennung bekommen, wenn du glaubst, Überragendes leisten zu müssen.

Vielleicht bekommst du Anerkennung von außen nur für deine Leistung. Und das ist doch nicht das, was du dir wirklich wünschst. Du möchtest geliebt werden als Ganzes, als ganzer

Mensch. Und so überlegt einmal: „Welche Ziele habe ich? Was erwarte ich von mir? Und wo lasse ich mir Pausen, Momente der Besinnung, mich selbst anzuerkennen, und zufrieden zu sein mit dem, was ich tue?"

Ich möchte damit nicht sagen, daß es nicht wichtig ist, dir manchmal große Ziele zu setzen, die vielleicht im ersten Moment unrealistisch wirken. Großartiges, Großes - kann nur erschaffen werden, indem du groß denkst und große Ziele hast. Es ist nur die Frage, wie gehst du deinen Weg, um für dich wichtige und großartige Wünsche und Ziele zu erreichen?

Hier ist gefragt, daß du am Boden bleibst, ganz realistisch Schritt für Schritt vorangehst, so, wie es deine Fähigkeiten und deine Entwicklung in diesem Moment erlauben. Gehe solide Schritt für Schritt voran, ein großes Ziel vor Augen, zufrieden mit dir und voll Gottvertrauen, daß dein Wunsch, wenn er mit dem göttlichen Wille übereinstimmt, in Erfüllung gehen wird. Er muß nicht heute oder morgen in Erfüllung gehen. Dein Weg dahin bedeutet Glück und Freude. Du genießt den Schritt, den du gehst, du genießt das Tun, weil du fühlst, daß es das ist, was du tun willst und mußt.

Frage dich immer wieder, was du von dir erwartest und wo du dich mit deinen Anforderungen behinderst. Wo hast du Wünsche und Erwartungen an dich, daß sich ein Erfolg einstellen muß, ohne daß du etwas dafür tun mußt und dir alles nur so entgegenkommt?

Es wichtig, wenn du ein Ziel vor Augen hast, daß du deine „kleineren und größeren" menschlichen Schritte gehst.

Hier geht es mir nun um die Kraft und die Energie des Manifestierens, um die Energie eure Wünsche, eure Ziele und Vorstellungen zu verwirklichen, und um eure Ideen, eure Gedanken und eure Impulse ins praktische Leben umzusetzen und dort zu erschaffen.

Dazu ist es notwendig, daß ihr wißt, was ihr in eurem Leben wollt, daß ihr euch manchmal, aber nicht immer, treiben laßt, daß ihr ganz konkret in eurem Leben die Weichen setzt, um

eure Wünsche zu erfüllen, um eure Vorstellungen zu manifestieren. Eure Vorstellungen, eure Wünsche, eure Eingebungen
und Visionen zu manifestieren, bedarf der Übereinstimmung
mit der göttlichen Kraft, mit der göttlichen Quelle.

*Geht ein Wunsch von dir nicht Erfüllung, dann frage dich: Wel-
cher Anteil in dir möchte nicht, daß dein Wunsch in Erfüllung
geht? Welcher Teil in dir glaubt vielleicht nicht daran, daß du ein
Recht hast, glücklich, frei und erfolgreich zu sein?*
*Welcher Aspekt in dir behindert dich auf deinem Weg? Was
möchte dieser Aspekt in dir sagen? Und dann hör dieser Stimme zu.*
*Oft sind es unbewußte Muster und Blockaden, die dich hindern,
deine größeren Wünsche in Erfüllung gehen zu lassen. Und
das ist überhaupt nicht schlimm, denn sie sind da, damit du ihnen zuhörst, damit du lernst und deinen Blickwinkel über dich
selbst erweiterst.*
*Vielleicht existiert in dir ein Kind, das Angst hat, in die Welt hin-
auszutreten, oder ein kleines Kind, ein junge Frau oder ein jun-
ger Mann, der denkt: „Ich bin es nicht wert, geliebt zu werden,
anerkannt zu werden und glücklich zu sein" - mit einem Gefühl
von Schuldbewußtsein, wenn du glücklich bist und andere
nicht.*

Es gibt so viele Varianten, so viele Stimmen in euch, die euch
hindern können, eure Ziele und Wünsche zu manifestieren. Ihr
könnt eure Ziele und Wünsche nicht manifestieren, wenn diese
nicht in Übereinstimmung sind mit dem göttlichen Willen und
der göttlichen Kraft und mit dem, was euch wirklich dient und
hilft auf eurem Weg. Ihr werdet stattdessen einige andere Erfahrungen machen, die euch helfen, bestmöglichst zu lernen.

*Und vielleicht dient dein Wunsch gar nicht deinem höchsten
Wohl, sondern nur den Vorstellungen deines Egos als Mensch
in der dualen Welt. Und wenn du einmal zurückschaust auf deinen Wegen, so gab es sicherlich Vorstellungen und Wünsche,*

von denen du glaubtest, daß du durch ihre Erfüllung glücklich sein würdest. Und dem war dann nicht so. Es gab Wünsche und Vorstellungen, die nicht in Erfüllung gingen - Gott sei Dank nicht in Erfüllung gingen, weil etwas für dich Besseres, Wichtigeres und Größeres auf dich wartete. Es ist wirklich wichtig, daß du dir bewußt wirst, was du willst in dieser Zeit, in diesem Moment auf der Erde.

Wie willst du dein Leben gestalten? Wie willst du es leben? Was macht dich glücklich? Was gibt dir Freude? Was läßt dich das Leben genießen?

Laßt nicht die Zeit verrinnen, so daß ihr eines Tages, wenn ihr älter seid, das Gefühl habt und erkennt, daß euer Leben anders und vielleicht auch schlechter verlief, als ihr es euch wünschtet. Vielleicht fühlt ihr euch dann als Opfer des Lebens, weil ihr nicht das bekamt, was ihr euch gewünscht habt. Und ich sage euch: Es ist eure Verantwortung. Ihr habt nicht das erschaffen und euch nicht das gestaltet, was ihr wolltet. Es ist und war eure Entscheidung!

Und so beginnt jetzt, nicht irgendwann, denn der Tag wird nicht kommen. Nehmt euer Leben in die Hand und gestaltet es so, daß ihr glücklich seid. Vielleicht ist es notwendig, einige praktische, konkrete Veränderungen vorzunehmen. Vielleicht gilt es nur, euren Blickwinkel in Situationen und Begebenheiten eures Alltags zu verändern und das Schöne zu sehen in eurem Leben, euch mit eurem Leben zu arrangieren, so wie es ist, und es lieben zu lernen. Und wenn einiges für euch wirklich nicht stimmt, dann habt den Mut und nehmt Veränderungen vor. Entschuldigt euch nicht durch Ausreden: - „Wegen der Kinder, wegen des Geldes oder irgend etwas sonst. Es gibt kein „wegen" irgendwem oder irgend etwas"

Es gibt nur dich, und du hast deine Entscheidung. Sei ehrlich zu dir und gesteh dir ein, nicht genug Mut zu haben. Es ist deine Freiheit, dich zu entscheiden, die Situation so zu belassen, wie sie ist. Arrangiere dich damit, aber gib niemandem die Schuld,

auch nicht dir. Es gibt keine Schuld. Es gibt nur deine Verant-
wortung und deine Entscheidung.
Wie immer deine Entscheidung aussehen mag, es ist wichtig,
daß du Verantwortung für sie übernimmst und in Frieden mit
deinen Entscheidungen lebst. Schau dir dein ganzes Leben an,
alle Bereiche in deinem Leben. Wo bist du nicht in Frieden mit
dir und deinen Entscheidungen? Und gestehe dir deine Erwar-
tungen und Wünsche vom Leben in der tiefsten Tiefe deines
Herzens zu. Setze dir geistig keine Schranken, laß einfach
fließen, was deine Wünsche sind und was dir entspricht, und
dann frage dich: Was möchte ich davon in meinem Leben er-
schaffen, was davon ist wirklich gut für mich, und was sind nur
Luftschlösser, die gar nicht manifestiert werden sollten?

Versucht, in euer Leben Ordnung zu bringen, und das in wirklich allen Bereichen. Ihr tut niemandem einen Gefallen, indem
ihr ein Leben lebt, das nicht eures ist und euch nicht entspricht.
Betrachtet einmal, wo mögt ihr Kompromisse eingehen und wo
nicht, und wie könnt ihr für das, was in eurem Leben ist, Liebe
und Anerkennung entwickeln?

Richtig und Falsch sind völlig gleichgültig, wichtig ist dein Ge-
fühl und dein In-Frieden-sein mit dir und deinem Leben und mit
dem, was du tust. Sieh es als einmalige Chance. Es wird kein
Prinz oder keine Prinzessin kommen, die dich erlösen und alles
für dich in die Hand nehmen wird. Du mußt dein Leben leben.
Wenn du dich von deinen Fesseln und den dich einschränken-
den Vorstellungen befreist, dann kannst du dir dein Leben so
kreieren und so erschaffen, wie es dir wirklich entspricht. Und
selbst wenn du manchmal gar nicht genau weißt, was dir ent-
spricht, dann öffne dich deiner inneren Stimme und der göttli-
chen Kraft. Sie wird dir deinen Weg zeigen. Sie gibt dir immer
Informationen - und wird es immer tun - die dich auf deinem
Weg unterstützen und dir zeigen, wer du bist; die dir auch zeigt,
was deine Aufgabe in deinem Leben ist. Du bist nicht zufällig
auf der Erde. Dein Leben hat einen Sinn.

Und da ich mit der Energie der bedingungslosen Liebe verbunden bin, ist es mir immer wieder ein großes Anliegen, euch zu unterstützen, euch und euer Leben lieben zu lernen, und zu lernen, daß ihr die Schöpfer eures Lebens seid. - Lieben zu lernen all das, was ihr erschaffen habt und all das, was ihr seid. Ihr seid alle mit besonderen Fähigkeiten ausgerüstet, und es gilt, diese zu entdecken und zu entfalten und euch zu vertrauen. Und oft gibt es kein klar umrissenes Ziel und keine klar umrissene Aufgabe, die von Anfang an bis zum Ende eures Lebens gezeichnet ist. Es gibt Abschnitte mit bestimmten Zielen, mit bestimmten Aufgaben, die sich auch verändern können, und doch gibt es einen großen Wunsch, ein großes Ziel, das ihr euch, als ihr auf die Erde kamt, gesetzt habt.

Und wenn ihr euch öffnet, dann werdet ihr es erkennen irgendwann auf eurem Weg. Ihr werdet all eure Beschränkungen, all eure Sorgen und all eure alten Muster mehr und mehr zur Seite legen und dabei mehr und mehr entdecken, wer ihr wirklich seid. Der Weg wird dann immer klarer. Die Informationen eures Höheren Selbst und eurer geistigen Führer werden immer deutlicher hörbar, ohne daß ihr euch anstrengen müßt. Sie integrieren sich wie selbstverständlich in euer Leben. Sie leben mit euch, und ihre Informationen erreichen euch ganz selbstverständlich und ganz einfach, und ihr wißt, was es zu tun gilt, indem ihr eurer Führung vertraut.

In Kontakt mit der geistigen Welt

Ich möchte euch erzählen, wie hilfreich es für euch sein kann, euch der göttlichen Kraft und geistigen Wesenheiten zu öffnen und mit eurem höheren Selbst und euren Geistführern in Verbindung zu treten.

Es gibt so viele Möglichkeiten - in Meditationen, Channeling, in Träumen oder Gebeten oder im Innehalten. Alle diese Methoden sind Möglichkeiten, mit der geistigen Welt Kontakt aufzunehmen. Sie sind wunderbar und wichtig. Und genauso wichtig ist es, sie nicht überzubewerten.

Es wird euch nicht helfen, wenn ihr euch zuviel und zu sehr der geistigen Welt öffnet und das, was ihr empfangt, nicht im Alltag und in eurem Leben umsetzt. Die Informationen und Unterstützungen aus der geistigen Welt sollen euch Hilfe sein, euer Leben besser zu bewerkstelligen, euch auf der Erde zurechtzufinden und zufrieden und glücklich zu sein und euren Blickwinkel all dessen, was ist, zu erweitern.

Durch die Verbindung mit der geistigen Welt ist es euch möglich, eure Probleme aus einem anderen Blickwinkel zu betrachten als aus dem der Dualität, und das ist sehr oft eine große Hilfe. Wenn ihr euch mit der geistigen Welt verbindet, erkennt ihr, daß ihr weit mehr seid als eurer Körper und daß weitaus mehr existiert, als ihr mit eurem menschlichen Bewußtsein begreifen könnt. Und ihr begreift, daß alles seinen Sinn hat, auch wenn ihr ihn manchmal nicht sehen könnt. Diese Erfahrungen sind sehr hilfreich und sehr wichtig auf eurem Weg. Und dennoch ist genauso wichtig, euch der Schule des Lebens zu öffnen. Genauso neugierig, erfreut und voller Demut der Stimme des Lebens, der Stimme eurer Erfahrungen auf der Erde zu lauschen. Ihr solltet all diese Dinge als eine Übung sehen, um euch dem Göttlichen zu öffnen und diese Energie in euer Leben zu integrieren, so daß keine Trennung mehr existiert zwischen geistiger und irdischer Welt.

Es gibt Menschen, die sich selten oder gar nicht bewußt der geistigen Welt öffnen, und dennoch sind sie geführt und mit der geistigen Welt verbunden, ohne es zu wissen. Sie können ihre Ohren öffnen und die Ideen und die Unterstützung der Geistigen Welt fließen ganz selbstverständlich in ihr Leben ein. Sie haben Eingebungen, auf die sie hören, ohne zu registrieren, daß sie von einer höheren Ebene zu ihnen durchdringen. Und so gibt es Menschen, die vielleicht niemals bewußt channeln oder hellsehen und niemals meditieren und dennoch sehr rein und sehr klar mit der geistigen Welt und der göttlichen Kraft verbunden sind, indem ihr irdisches Leben und ihre irdische Struktur sehr klar und gereinigt und auf einer Entwicklungsebene vielleicht weiter entwickelt sind als andere, die hellsehen, channeln und meditieren und trotzdem die höheren Aspekte nicht in ihr Leben integrieren können und ihre Lektionen im konkreten Menschsein sehr vernachlässigen.

Es ist so wichtig, daß ihr mit dem Herzen seht, daß ihr euch nicht von äußeren Fähigkeiten und äußeren Formen übermäßig beeindrucken laßt. Es ist wichtig zu fühlen, wieviel Klarheit und Liebe ein Mensch in sich trägt und lebt, egal ob er sich bewußt oder unbewußt oder für die anderen nicht sichtbar der geistigen Welt öffnet. Warum nicht eine Kombination von beidem? Ihr könnt euch der geistigen Welt öffnen und ihr werdet euch bereichert fühlen. Dennoch ist es wichtig, den Kontakt zur geistigen Welt und die Beschäftigung mit der geistigen Welt nicht als Fluchtmöglichkeit vor den konkreten Umständen und Auseinandersetzungen mit den Belangen eures Lebens auf der Erde zu benutzen.
Euer Schwerpunkt liegt auf dem Leben auf der Erde. Die Öffnung und der Kontakt mit geistigen Welten können euch unterstützen, euer Leben besser zu meistern und zu vertrauen in den Lauf der Dinge und in den Lauf des Lebens. Es kann euch helfen, viele alte Blockaden und alte Muster und enge Strukturen zu lösen. Ich möchte nicht gegen den Kontakt mit der geistigen Welt sprechen, vielmehr möchte ich euch bewußt machen, daß ihr auch den Umgang mit der geistigen Welt nutzen könnt, um euer Ego zu füttern. Es gibt einige Fähigkeiten, die sehr hoch

bewertet werden wie Hellsehen, Aurasehen, Channeln. Sie sind ein Teil des Lebens so wie alle anderen auch. Es ist eine Fähigkeit, ein Sich-öffnen-können für die geistige Welt, und dennoch kann man auch diese Fähigkeiten wie alle anderen einsetzen, um sein Ego zu polieren, um aus dem Leben zu fliehen und ein Hinschauen und Konfrontieren mit dem ganz "normalen" Leben zu vermeiden. Also laßt euch nicht blenden, bewertet den Kontakt zur geistigen Welt nicht über und nehmt ihn dennoch wichtig und öffnet euch für ihn. Es gilt, euch von eurem Herzen leiten zu lassen und nicht zuviel von eurem Verstand und dem Wesensanteil in euch, der uneingeschränkt und unkritisch bewundert. Es gilt, euch und eure Wahrnehmung zu lieben, sei es in der geistigen Welt oder in der irdischen Welt. Es besteht bei euch Menschen immer wieder die Tendenz, eure Verantwortung an ein Wesen abzugeben, von dem ihr glaubt, daß es scheinbar besser weiß, was für euch gut ist. Sei es ein Medium, das ihr autorisiert, ein Partner oder ein Freund, die ihr für klüger oder für weiter entwickelt haltet und auf deren Antwort ihr vielleicht mehr Wert legt als auf euer inneres Gefühl.

Du bist verantwortlich für dich und für all deine Erfahrungen, und es ist wichtig, daß du die Stimme in dir hören lernst, die Stimme in dir lieben lernst und nicht die Stimme, die ein anderer glaubt, für dich zu haben. Du solltest nicht jemanden anderen ermächtigen, die Antworten auf deine Fragen zu haben, Suche immer wieder Antworten auf deine Fragen in dir selbst, denn sonst wirst du abhängig und vertraust nicht deiner Führung und deiner Stimme in dir.
Verbinde dich lieber mit dir selbst und mit deinen geistigen Führern, und du wirst Antworten erhalten. Das ist der Weg.

Sicherlich sind andere Menschen und ihr Rat manchmal Hilfe auf deinem Weg, und es ist gut, sie anzunehmen, und dennoch ist es deine Entscheidung, welchen Rat und welche Hilfe du annimmst und welche nicht. Es ist die Antwort deiner inneren Stimme, die dir sagt, was du tun sollst. Und manchmal sagt dir deine innere Stimme, daß du dich jemandem anvertrauen sollst und die Meinung einer bestimmten Person hören sollst, weil sie vielleicht das Sprachrohr für die Stimme in dir ist. All das ist möglich. Doch die Entscheidung und die Verantwortung liegen einzig bei dir.

Laßt euch führen von der Liebe in eurem Herzen. Laßt euch führen auf eurem Weg von dem, was euch gut tut, von dem, was euch bereichert, und von dem, was euch glücklich macht. Und die Verbindung zur geistigen Welt kann euch dabei helfen. Sie kann euch unterstützen, doch nur, indem ihr sie in euer Leben immer wieder integriert. Und erwartet nicht von euch, in immer höherer Schwingung über die Erde zu gleiten.
Vertraut und liebt euch und euer Leben. Dann wird euch euer Weg gezeigt, und ihr werdet geführt sein von der göttlichen Kraft. Die Verbindung zur geistigen Welt ist immer existent. Sie ist niemals abgebrochen. Bei niemandem von euch. Sie wird sich auch niemals auflösen. Die Frage ist, wie bewußt euer Kontakt ist und wie sehr ihr euch ihm öffnet. Ihr seid wirklich immer in Verbindung mit der geistigen Welt. In der Nacht in euren Träumen und auch sonst werdet ihr von ihr begleitet. Und desto klarer und gereinigter ihr seid, desto mehr Gefühle, Erlebnisse und Informationen könnt ihr bewußt mit herübernehmen in euer irdisches Leben. Es ist nicht so, daß erst Kontakt stattfindet, wenn ihr ihn durch Meditation, Channeling oder was auch immer herstellt. Ihr öffnet euch nur dafür, um ihn euch bewußt zu machen. Der Kontakt ist immer da.

Ihr seid göttliche Wesen, und ohne die göttliche Kraft und all das, was damit verbunden ist, könntet ihr nicht existieren. Sie ist ähnlich wie eure Luft. Sie ist überall, ganz selbstverständlich und ununterbrochen. Ihr registriert sie gar nicht. Ihr atmet sie ein und seid immer in Verbindung mit der Luft. Wenn ihr das Fenster öffnet, kann sie eintreten.
Genauso ist es mit euren Herzen. Die Liebe ist immer da, ununterbrochen und immerwährend. Nur könnt ihr sie oft nicht

fühlen, weil euer Herz verschlossen ist und ihr euch nicht an sie erinnert. Doch in dem Moment, in dem ihr euer Herz öffnet und euch erinnert, ist sie da. Plötzlich könnt ihr sie wahrnehmen, sie existiert für euch, und das, obwohl sie immer da war. Und genauso verhält es sich mit der geistigen Welt und eurer Verbindung zu ihr. Sie ist immer da, und ihr könnt jederzeit Kontakt aufnehmen, und ihr seid in Kontakt. Doch um sie bewußt wahrzunehmen, müßt ihr euch öffnen. Ihr müßt euch öffnen und dann euch daran erinnern.

Die Liebe lebt immer und überall. Die Liebe in euch führt euch auch zur geistigen Welt. Denn wenn ihr euch selbst liebt und alles, was ist, dann öffnet ihr euch allem, was ist. In Momenten, in denen ihr euch selbst liebt und Liebe in eurem Herzen fühlt, seid ihr mit so vielen Wesen über die Energie auch in nichtstofflichen Bereichen verbunden. Es tanzen Engel und Feen um euch herum, die sich freuen, an eurem Gefühl der Liebe teilhaben zu können. Es entsteht ein reines, klares Licht, ein kraftvolles Licht, das hohen geistigen Wesenheiten erleichtert, zu euch zu kommen, denn wenn ihr euch der Liebe nicht öffnet und eure Frequenzen und eure Energien sehr dicht und dual sind, dann ist es unglaublich schwer für lichtvolle geistige Energien, zu euch zu kommen. Es ist für hohe geistige Energien ein unglaublicher Aufwand und ein starker Energieverlust, sich so verdichten zu müssen. Und das passiert nur in ganz, ganz seltenen und notwendigen Fällen.

Seid ihr in der Energie der Liebe, ist es für geistige Wesen viel leichter, zu euch zu kommen, denn eure Frequenzen und eure Schwingungen kommen dann denen der Lichtwesen sehr nah. Sie können euch erreichen, weil ihr offen seid und weil der Weg zu euch so viel leichter ist. So hängen die bedingungslose Liebe und die Öffnung zur geistigen Welt zusammen.

Wenn ihr in die Energie der Liebe eintretet, in die Energie bedingungsloser Liebe, dann verlaßt ihr die Pole, die Spannung der Dualität. Und in dieser Welt, in dieser Energie und in dieser Frequenz ist es uns möglich, zu euch zu kommen, mit euch zu sprechen und mit euch zu kommunizieren. Aber wenn ihr

krampfhaft versucht, zu uns geistigen Wesen Kontakt aufzunehmen und dies aus einer sehr dualen Motivation heraus,
dann wird euch der Zugang versperrt werden, bzw. ihr versperrt
euch den Zugang selbst. Wichtig ist und bleibt die Energie der
Liebe in eurem Herzen.

All das Menschsein, das ganze Sein anzunehmen eröffnet euch
Möglichkeiten, die für euch größtenteils unerahnt bleiben und
unerahnt sind. Vieles kommt dann zu euch und fließt zu euch,
ohne daß ihr euch anstrengen müßt, ohne daß ihr irgendetwas
erzwingen müßt. Die Energie der Liebe ist kein Privileg und die
Öffnung und der Kontakt zur geistigen Welt ebenfalls nicht. Die
Reinheit und die Klarheit, und allen voran die Wärme eures
Herzens, sind und bleiben die stärksten Kräfte, um in alle Bereiche und in alle Dimensionen einzutreten. Wenn ihr in euch auf-
räumt, wenn ihr euch mit all dem konfrontiert, was in euch lebt,
auch mit den ungeliebten Gefühlen, und sie als das annehmt,
was sie sind, werden sich euch die geistigen Welten von allein
eröffnen. Ihr könnt es euch so vorstellen: Wenn ihr in eurem
Körper und in euren Zellen so mit euren menschlichen Problemen verhaftet seid, daß ihr von verdichteter und düsterer Energie erfüllt sein, dann kann und wird kein Licht aus der geistigen
Welt in euch eindringen können, bzw. es ist schon möglich,
aber diese Energie kann sich nicht lange halten, weil eure Entscheidung, mit den dunklen „negativen" Erfahrungen und dem
Schatten in euch zu leben, stärker ist, da ihr einen freien Willen
habt.

Also, je mehr ihr euch kümmert um eure menschlichen Belange, um all eure Verletzungen, um eure Wünsche und um eure
Liebe, und wenn ihr euren alten Schrott aus eurem Körper erlöst und in Liebe annehmt, werden das Licht und die Verbindung zur geistigen Welt automatisch stärker werden. Ihr könnt
gar nichts dagegen tun. Es geschieht einfach. Es ist das Gesetz
der Anziehung und eures Willens.

Wenn ihr euch aber eure Schattenseiten nicht anschauen und
euch mit der Erde nicht auseinandersetzen wollt und mit all den

Schmerzen und Schwierigkeiten, die ihr habt , dann ist in eurem Gefäß, in eurem Körper kein Platz frei, damit Licht und Liebe in euch eintreten können. Es ist wie ein voller Topf, der angefüllt ist mit altem Müll und Schrott, und wenn ihr euch um diesen nicht kümmert, könnt ihr euch um noch so viel Licht und geistige Verbindung bemühen - es wird sich nichts Grundlegendes ändern. Doch wenn ihr es zulaßt und bittet, daß die göttliche Kraft und die geistige Welt euch helfen, euren Müll zu klären und zu reinigen und euer Menschsein mit all den Facetten in Liebe anzunehmen, werdet ihr mehr und mehr in Kontakt mit eurem Höheren Selbst und der geistigen Welt auf der Erde leben können.

Betrachtet immer wieder euer Leben, und genauso sucht den Kontakt zur geistigen Welt. Und auch dieser ist bestimmten Phasen unterworfen. So gibt es sicherlich Zeiten, in denen ihr sehr stark die Verbindung zur geistigen Welt sucht, und dann gibt es Zeiten, in denen der Kontakt wie ganz vergessen scheint, obwohl ihr ihn ganz selbstverständlich in euch tragt, oder auch Zeiten, in denen ihr euch entfernt habt. Es ist ein Wechsel, ein Wandel und eine Veränderung, und auch euer Kontakt, euer bewußter Kontakt zur geistigen Welt, unterliegt verschiedenen Phasen und Wandlungen.

Wie dem auch sei, es ist wichtig, daß du diesen Kontakt in dein Leben integrierst und ihn praktisch umsetzt.

Pflanze den Funken Liebe in deinen Alltag.
Pflanze den Funken Liebe in deinen Kontakt zur geistigen Welt. Pflanze den Funken Liebe zu dir selbst.
Und pflanze Liebe zu deinem Partner und zu deinen Kindern.
Pflanze Liebe auch in deine Arbeit.
Pflanze den Funken Liebe in alle Bereiche deines Lebens.

Du kannst es dir, wenn es dir eine Hilfe ist, auch bildlich vorstellen, indem du in alle Bereiche deines Lebens gehst mit deinem inneren Auge und dir vorstellst, wie du dort ein Symbol, das du mit Liebe in Verbindung bringst, pflanzt. Vielleicht pflanzt du eine Rose, ein Herz oder eine Farbe. Erinnere dich an den Funken Liebe, der in all deinen Bereichen des Lebens gepflanzt ist, wenn du es willst. Ein und dasselbe Leben, das du vielleicht als schwierig im Ganzen oder in einzelnen Aspekten empfindest, kannst du, wenn du dich entscheidest, den Funken Liebe zu säen, in ein glückliches verwandeln, ohne großartige Veränderungen vorzunehmen. Allein dein Blickwinkel heilt und verändert deine Situationen und deine Erfahrungen, wenn du dich mit der Energie der Liebe verbindest.

Und natürlich kann es auch sein, daß Veränderungen anstehen und sich ergeben. Wenn du in der Energie der Liebe bleibst, wirst du den Mut haben, diese vorzunehmen in der Gewißheit, daß du geführt und geliebt bist, was immer du tust.

Der Funke Liebe existiert in jedem Moment, in dir und überall. Du mußt dich nur erinnern.

Lebensfreude

Ihr Wesen des Lichts und der Liebe, ich möchte mit euch über die Freude in eurem Leben sprechen, über eure Lebensfreude.

Es ist so wichtig, daß ihr Freude in euer Leben fließen laßt, daß ihr euch der Freude in eurem Leben hingebt und daß ihr reine Freude seid. Ich sehe viele von euch, die so schwer arbeiten, und ich meine damit nicht nur eine körperliche oder andere berufliche Arbeit. Ich meine eine innere Arbeit. Ihr seid angestrengt und beschäftigt mit verschiedenen Gefühlen, mit verschiedenen Ansichten und Erfahrungen in eurem Leben. Ihr seid so beschäftigt in eurem Leben. Ihr seid so beschäftigt und so angespannt, daß ihr vergeßt, Freude in euer Leben zu lassen.
Es ist wichtig, daß ihr euer Leben genießt. Es ist wichtig, daß ihr mit offenen Augen und offenen Sinnen durch die Welt geht und so euer Leben erfahrt. Es ist wichtig, daß ihr die Freude fließen laßt und das Geschenk des Menschseins erlebt. Genießen, sich freuen sind ganz wichtige Energien in eurem Leben, die sehr oft jedoch in den Hintergrund treten. Freut euch darüber, daß ihr leben könnt als Menschen, freut euch über eure Erfahrungen. Genießt eure Existenz als Menschen. Genießt die Düfte, genießt die Farben und genießt die Formen. Zu genießen bedeutet auch, sich für das Leben mit all seinen Schönheiten zu öffnen; bedeutet, offen zu sein für das, was euch das Leben schenkt. Es gibt so viele schöne Erfahrungen, die davon abhängig sind, ob ihr sie zulaßt; die davon abhängig sind, ob ihr ihre Schönheit erkennt und euch über diese Erfahrungen freut und sie genießt.
Es ist alles eine Frage eures Standpunktes, eures Blickwinkels, ob euer Leben ein glückliches oder ein trauriges ist. Wie ich schon erwähnte, seid ihr die Schöpfer eures Lebens, und wenn ihr beginnt, euch mit der Energie der Freude und des Genusses zu verbinden, dann werden viele Erfahrungen glücklich. Es hängt von euch ab, wofür ihr euch entscheidet. Jeden einzelnen Tag und jeden Moment in eurem Alltag könnt ihr euch entscheiden, und ihr könnt euren Blickwinkel verändern, um zu ge-

nießen und um euch zu freuen. Was glaubt ihr, warum die göttliche Kraft euch mit Augen, Nasen, Ohren und Händen erschuf und mit einem Körper und mit der Fähigkeit, sinnlich zu erfahren? Es ist ein Geschenk, daß ihr genießen könnt, daß ihr fühlen und wahrnehmen könnt.

Und öffnet euch den wunderbaren Gerüchen in eurer Welt. Wenn ihr zum Bäcker geht und euch der Geruch von frischem Brot entgegenweht. Öffnet euch dem Duft und Geruch des Windes. Es ist eine ganz spezielle Luft. Sie ist frisch gereinigt und frei. Den Duft und den Geschmack des Windes wenn er über eure Felder und über das Land fegt, könnt ihr auch in eurer nassen Wäsche wahrnehmen, die durch die Luft und den Wind getrocknet wurde. Erinnert euch an den Duft der Blumen, den Duft der Rosen, den Duft des Flieders und der Obstbäume, an den Duft von Holz und all die vielfältigen Gerüche, die um euch leben. Ist es nicht ein Genuß, den Geruch eines Menschen wahrzunehmen, den ihr liebt? Könnt ihr nicht manchmal über den Geruch eintauchen in eine andere Welt? Ein Geruch kann euch ein Gefühl von Geborgenheit und Freiheit vermitteln. Es gibt so viele Möglichkeiten, wenn ihr in die Welt der Düfte und Gerüche eintretet und ihr sie zu genießen lernt. Düfte eröffnen euch auch die Welt alter Erinnerungen, die im Verborgenen liegen und an die ihr bewußt nicht herankommt. Kennt ihr nicht die Erfahrung, etwas zu riechen und schon liegt ein Ereignis eurer Kindheit vor euch und läßt euch an längst vergessene Situationen und Menschen erinnern? Riechen ist eine ganz tiefe Erfahrung, die in euch lebt.

Allerdings können Gerüche für euch auch mit negativen Erfahrungen verbunden sein. Aber auch sie sind ein Geschenk, das euch bereichern und höchsten Genuß verschaffen kann, wenn ihr euch dafür öffnet. Genießt die Vielfältigkeit menschlicher Erfahrung. Genießt das Sehen und Wahrnehmen durch eure Augen. Genießt die Schönheit auf Erden, die ihr sehen könnt, die vielen Farben und die vielen Formen und all die Erscheinungen, die auf eurer Erde existieren. Seht die Vollendung und Schönheit menschlicher Formen und Gestalten. Seht, wie vollendet eure

Körper, eure Gesichter, eure Haare und euer Sein sind. Seht die Vielfältigkeit menschlicher Ausdrucksformen: Sei es in der Kunst die Bilder, im Fernsehen die Filme, die Tänze oder was auch immer.

Die Kunst ist ein Ausdruck der Vielfältigkeit menschlichen Seins, die Einladung, Vielfältigkeit von Erfahrungen zu genießen. Aber dies gilt nicht nur dafür. Betrachtet einmal die Vielfalt von Menschen und ihre verschiedenen äußeren Erscheinungen, ihre verschiedenen Charaktereigenschaften, ihre verschiedenen Wünsche, ihre verschiedenen Vorlieben, ihre verschiedene Arten zu sein. Ist es nicht eine unglaubliche Vielfalt? Es ist ein Genuß, wenn ihr neugierig seid und euch faszinieren und überraschen laßt von all den bunten Facetten, die euch das Leben bietet. Und das ist sicherlich nicht nur das, was ihr in der Regel als schön empfindet. Auch die Dinge, die ihr nicht als schön empfinden könnt, haben eine unglaubliche Schönheit. Öffnet eure Augen für euer Leben, für die Vielfalt des Lebens, und genießt das, was ihr seht, mit offenen Herzen und offenen Augen. Seid beeindruckt von dem, was die göttliche Kraft geschaffen hat und von dem, was ihr Menschen aufs tägliche immer wieder neu erschafft. Es ist großartig und unglaublich faszinierend und ein wahrer Grund zur Freude. Genießt all das, was eure Augen erblicken.

Manchmal wird es dir schwerfallen, die Schönheit und den Genuß in einzelnen Dingen zu sehen. Das ist wirklich in Ordnung. Öffne dich der Schönheit und dem Genuß erst einmal bei den Dingen und Erfahrungen, die dir leichter fallen zu genießen. Wichtig ist nur, daß du beginnst, dich der Freude und dem Genuß zu öffnen. Wo und womit du beginnst, spielt keine Rolle. Und dann öffne dich für den Genuß, den dir deine Ohren schenken. Genieße die Töne und die Laute, die du hören kannst, den Gesang, das Geräusch des Windes, wenn er übers Land fegt, das Plätschern des Wassers in einem Bach, das Toben des Donners. Und die Stimmen, der Menschen, die du liebst.

Öffne überhaupt deine Ohren für die Stimmen der Menschen mit ihren unterschiedlichen Tönen und ihren unterschiedlichen Frequenzen. Sie ist unglaublich, diese Vielfalt an Stimmen und an menschlichem stimmlichen Ausdruck. Laß dich entführen und faszinieren von den Tönen und Stimmen der Menschen um dich herum in ihrer Einzigartigkeit und in ihrer Vollkommenheit und in ihrer Funktion als Spiegel der Energie dieser Menschen. Wie schön ist es, die menschliche Stimme zu hören, den Gesängen der Menschen zu lauschen und auch die Musik, die ihr Menschen ertönen laßt und erschafft. Für all das öffne deine Ohren. Genieße die schönen Worte, die du hören kannst. Nimm sie auf, und auch all die Komplimente und all die lieben Worte, die zu dir gesagt werden, höre sie und öffne deine Ohren. Laß sie über die Ohren einfließen in deinen Körper, so daß jede Zelle deines Körpers diese Worte und diese liebenden Energien eines anderen Menschen aufnehmen kann.

Oft hört ihr, und hört doch nicht. Ihr hört Komplimente und laßt sie an euch vorbeiziehen, ohne euch zu öffnen und sie wirklich aufzunehmen und sie wirklich zu genießen. So habt ihr oft das Gefühl, nicht geliebt zu werden und keine positiven Worte und Komplimente zu hören. Wie denn auch, wenn ihr eure Ohren nicht öffnet, und wie denn auch, wenn ihr diese Worte und diese Energie nicht aufnehmt und nicht genießt.

Lausche den Worten, die dir gesagt werden. Öffne deine Ohren für die Geschenke und all die positiven Energien, die dir über Worte, Töne und Geräusche tagtäglich vermittelt werden. Es ist deine Entscheidung, deine Entscheidung, zu genießen und deine Ohren zu öffnen für die Klänge, die Worte; die Stimmen und all die Töne, die da sind, um dich zu bereichern.
Und dann erinnere dich an deine Hände, die tasten und erfühlen, die die Haut eines anderen berühren und dir höchsten Genuß geben können.
Genieße deine Hände, die dich Formen, Materialien erfassen lassen, die dich spüren lassen, wie sich etwas anfühlt. Du

kannst deine Hände einer anderen Person reichen und Verbindung herstellen, sie können zärtlich sein, sich in Sanftheit und Fließen zum Ausdruck bringen und durch den Kontakt mit einem Menschen, den du liebst, höchsten Genuß geben.
Und genauso verhält es sich auch mit deiner Haut, die Berührung fühlen, Berührung aufnehmen und Berührung genießen kann - sei es durch Menschen, sei es durch Materialien, sei es durch die Berührung des Windes oder die Strahlen der Sonne, die in Kontakt treten mit deiner Haut und dich mit Wärme nähren, die dich berühren. Erinnerst du dich, wie angenehm es ist, die ersten Sonnenstrahlen nach einem langen dunklen Winter auf deiner Haut zu spüren? Du kannst sie aufnehmen, kannst sie einatmen, wie ein Strahlen und wie eine Quelle der Wärme in deinen Körper fließen lassen. Ist das nicht eine Wonne? Ist es nicht köstlich, den Sand unter deinen Füßen zu fühlen? Ist es nicht vollkommener Genuß und vollkommene Freude, wenn du dich von allem löst und dich einläßt auf die Berührung der Füße mit dem Sand; wenn deine Nase den Geruch des Meeres wahrnimmt und deine Augen die Schönheit deiner Umgebung erkennen können? Bist du nicht vollkommen eingehüllt und geborgen in reinstem Genuß?

Die Sinne eures Körpers, die Sinne von euch Menschen sind sehr kostbar. Sie sind ein wunderbares Geschenk, das es gilt, euch wieder zu erobern und euch dieses Geschenks bewußt zu werden, es schätzen zu lernen und zu erkennen, daß euch durch eure Sinne Großartiges gegeben wird. Ihr bewertet diese simplen Erfahrungen so niedrig, weil ihr euer Glück in etwas Größerem, Komplizierterem und Abstrakterem sucht und vergeßt dabei sehr oft, daß das Glück auch in den einfachen und kleinen Dingen, die euch jederzeit zur Verfügung stehen, liegt. Lernt, euer Menschsein und die Erfahrungen, die ihr als Menschen machen könnt, wieder schätzen und genießen. Es ist ein großer Reichtum, der euch jederzeit zur Verfügung steht, an den ihr euch nur zu erinnern braucht. Jetzt werdet ihr vielleicht fragen, wie ihr Glück, Bestätigung, Erfolg und Zufriedenheit finden könnt, indem ihr eure Sinne öffnet und euch über die kleinen Dinge des Lebens freut?

Ihr glaubt oft, daß sich eine Befriedigung nur in den großen Dingen des Lebens finden läßt. Aber glaubt mir, das Große ist im Kleinen enthalten. Und wenn ihr glücklich, freudig und genußvoll lebt, dann seid ihr unermeßlich reich. Und all die äußeren Dinge, die ihr euch wünscht, werdet ihr über das Gefühl des inneren Reichtums euch im Außen erschaffen können. Äußeren Erfolg und äußeren Reichtum zu genießen, das hängt untrennbar mit dem Erleben und mit dem bewußten Gewahrsein eueres inneren Reichtums und eures Reichtums als Menschen zusammen. Wenn ihr nicht den Reichtum in den kleinen alltäglichen Dingen und in den Dingen, die in euch leben und in all dem, was ihr als Menschen in euch tragt, erkennt, werdet ihr euch wirklich keinen äußeren Reichtum schaffen können, zumindest keinen äußeren Reichtum, der von Dauer ist und euch wirklich glücklich macht.

Natürlich gibt es Menschen, die sich äußerlichen Reichtum schaffen, ohne innerlich wirklich reich zu sein. Doch es wird sie niemals glücklich machen. Der äußere Reichtum, den ihr euch erschafft, wenn ihr euch innerlich reich fühlt, macht euch wirklich glücklich, weil ihr euch und euer Leben genießen und voller Demut die Schönheit und den Reichtum eures Lebens und Menschseins erfahren könnt.

Also seid wach und offen und genießt all die Geschenke in eurem Leben, die in euch und um euch herum existieren! Werdet immer wieder einmal still, lauscht, riecht, fühlt und tastet, öffnet euch für sinnliche Erfahrungen.

Öffne dich für die wundervollen Worte und für die Liebe deines Gegenübers, öffne dich für die Einzigartigkeit des Geruchs, der Stimme und der Ausstrahlung deines Gegenübers. Genieße all die Erfahrungen, die du in deinem Leben machen darfst. Sie sind so bunt und vielfältig. Es ist ein unglaublicher Reichtum. Genieße ihn jetzt! Beginne nicht morgen und nicht übermorgen.

Genieße jetzt und in jedem neuen Moment! Genieße, daß du ein göttliches Wesen bist und mit göttlicher Liebe verbunden. Genieße all die menschlichen Erfahrungen. Genieße deine Sexualität, genieße deine Arbeit, genieße das Kochen, das Essen, genieße die Schönheit in deiner Wohnung oder in deinem Haus. Und wenn dein Zuhause und deine Umgebung nicht schön sind, dann beginne sie zu verändern, damit du sie genießen kannst. Und es ist kein Argument, zu wenig Geld zu haben, und es ist kein Argument, daß einzelne Gegenstände zu wertvoll sind, um dich von ihnen zu verabschieden. Es ist deine Entscheidung und deine Wahl, deine Umgebung, deine Räume dir so zu gestalten, daß du sie genießen, daß du sie schön finden kannst. Und daß du in ihnen glücklich bist. Es ist nicht vom Geld oder von irgend jemandem abhängig. Es ist abhängig von deiner Entscheidung und deinem Willen, genießen und dich mit Schönheit umgeben zu wollen.

Und damit stellt sich die Frage, was Schönheit ist. Schönheit ist so vielfältig. Schönheit ist nicht abhängig von euren Schönheitsidealen, die ihr über eure Medien und über eure Gesellschaft erfahrt und die ihr mitkreiert.

Schönheit liegt auch in jenen Dingen, die du vielleicht auf den ersten Blick nicht als schön empfindet. Schönheit ist abhängig von der Liebe und der tiefen Verbindung, die du fühlst. Und so kann etwas, was vielen um dich herum häßlich erscheint und eurem gesellschaftlichem Schönheitsideal nicht entspricht, für dich ein Träger tiefster Schönheit sein. Es ist dein inneres Empfinden, deine Liebe und deine Wahrnehmung, die dir sagen, was Schönheit ist. Und auch sind dein Gefühl und deine Wahrnehmung des Schönen und dessen, was Schönheit ist, erweiterbar. Es gibt viel mehr zu genießen, als du es dir vorstellen kannst. Und auch gibt es viel mehr zu lieben, als du dir vorstellen kannst. Genieße die Farben, den Geschmack und die Gerüche eurer Früchte. Sie sind wunderbar, wenn du sie nicht verschlingst, sondern wenn du dich ihnen öffnest, wenn du be-

reit bist, ihren Geschmack, ihre Schwingung und ihre Farbe aufzunehmen. Sie sprechen mit dir und sie geben dir ihre Informationen von Licht.

Der Genuß von Essen und deine Ernährung sind auch ein sehr wichtiges Thema. Obst, Gemüse und pflanzliche Produkte tragen hohe Lichtinformationen über Farben, über ihr Wachstum, über die Sonne, über den Wind und all das, was in der Natur existiert. Sie enthalten viele Vitamine, aber nicht nur Vitamine, sondern auch Lichtschwingungen, die deinen Körper versorgen. Und so kannst du dir vorstellen, wie wichtig es ist, deinem Körper Lichtnahrung zuzuführen, und wie sehr sich dein Körper über diese Nahrung freut, wenn du dich ihr öffnest.

Doch es gibt auch Zeiten, in denen du dich dieser Nahrung nicht öffnen kannst und willst, weil du dichte, also niedriger schwingende Nahrung zu dir nehmen willst, ebenso wie du dich mit weniger spirituellen Themen in deinem Leben beschäftigst. Das ist vollständig in Ordnung. Doch wisse, wenn du mehr Licht in dein Leben lassen möchtest, wird es wichtiger, mehr Lichtnahrung in dein Leben zu lassen. -

Aber folge deinen Bedürfnissen und deiner inneren Stimme, und mache keinen Zwang daraus. Gehe nicht streng und hart mit dir um. Dein Körper und deine inneren Bedürfnisse werden dir zeigen, zu welcher Zeit welche Nahrung für dich angebracht ist. Und dann gibt es Zeiten, in denen du dich stark lichtvollen und geistigen Energien öffnest und dennoch keine lichtvolle Nahrung zu dir nimmst, weil es dir vielleicht noch an Erdung fehlt und es dir zu dieser Zeit wichtig ist, dich wieder zu verdichten, und sei es durch deine Nahrung.

Dann, wenn du genug Erdung in dir hast und dich lichtvollen Welten öffnest, kannst du auch lichtvolle Nahrung aufnehmen. Zu dem Zeitpunkt, an dem viele deiner alten Verstrickungen und Belastungen sich lösen, wirst du automatisch ein Verlangen und ein Gefühl nach mehr Lichtnahrung haben; Früchte, Gemüse und all die pflanzliche Nahrung genießen können und wollen, denn dein Körper und deine Zellen verlangen danach.

Sie wollen sich nicht mehr so stark verdichten und müssen es auch nicht, weil nicht mehr die Gefahr gegeben ist, daß du dich auflöst und verlierst, weil du genug geerdet bist.

So mag es Zeiten geben, in denen du dich wirklich lichtvollen Ebenen öffnet und glaubst und auch von vielen Seiten erfährst, wie wichtig es ist, lichtvolle Nahrung aufzunehmen, und trotzdem sträubt sich etwas in dir. Trau dieser Stimme, die sich sträubt, denn es kann sein, daß es zu diesem Zeitpunkt wirklich für dich wichtig ist, dich durch verdichtete Nahrung zu stärken, so zu stärken, um mit den Füßen auf der Erde zu bleiben. Traue einfach deinem Gefühl.

Manchmal gibt es auch Übergangszeiten, in denen dein Körper nach Neuem verlangt und dein Körper leichtere und lichtvollere Nahrung aufnehmen möchte und es dennoch Stimmen in dir gibt, die an Altem festhalten wollen. Da kann es wichtig sein, sie nicht zu sehr zu beachten und deinem stärkerem Impuls nach lichter Nahrung nachzugeben. Ganz egal wie, du wirst fühlen, was für dich richtig ist, und mache dir keinen Streß damit, denn wenn du beginnst, voller Strenge und voller Streß gesunde, lichtvolle Ernährung aufzunehmen, dann wird sie dir nicht helfen, weil all die Kämpfe und die negativen Schwingungen durch das zwanghafte Aufnehmen dieser Nahrung dich belasten. Nimm den Entwicklungsstand in Liebe an, in dem du dich, was deine Ernährung angeht, befindest. Egal, wo du stehst, egal, wie du dich ernährst - versuche, dein Essen zu genießen, die Farben und den Geruch und auch das Kauen und Verdauen selbst.

Erlaube es dir, genußvoll und voller Freude zu essen. Selbst wenn du Schokolade ißt, mache dir kein schlechtes Gewissen. Erlaube es dir und halte inne bei jedem Bissen. Nimm den Geschmack der Schokolade wahr und genieße sie. Und dann ist es gut.

Wenn ihr das, was ihr eßt, genießt - auch den Verzehr von Schokolade - werdet ihr weniger Verlangen haben nach Mengen und danach, euch zustopfen zu wollen. Und selbst wenn ihr einmal das Verlangen habt, euch vollstopfen zu wollen, dann ist auch das in Ordnung. Genießt - genießt, das, was ihr eßt, ob gesund oder ungesund. Und mit der Zeit, im Laufe eurer Entwicklung mag euer Körper vielleicht immer mehr lichtvolle Nahrung zu sich nehmen, weil es ihm mehr und mehr entspricht. Es ist eine ganz natürliche Entwicklung. Ihr braucht nichts zu erzwingen, weil es fließt und kommt zu seiner Zeit. Es ist ein Gesetz der Anziehung. Also, wenn ihr kocht, wenn ihr einkauft, euren Haushalt erledigt, euer Auto wascht, zur Arbeit geht - lernt die Dinge des Lebens zu genießen. Sie sind einzigartig.

In vielen Dimensionen sind diese Erfahrungen überhaupt nicht möglich. Sie sind etwas Besonderes, auch wenn sie für euch Alltag sind. Genießt sie. Was spricht dagegen, all das, was ihr tut, zu genießen? Was könnt ihr denn verlieren? Es gibt nur etwas zu gewinnen. Ein und dieselben Dinge erscheinen euch völlig anders, wenn ihr bereit seid, sie zu genießen. Es eröffnet sich eine ganze Welt von Erfahrungen, die ihr nie erfahrt, wenn ihr euch nicht öffnet und nicht bereit seid, zu genießen.

Das ist die Ursache vieler eurer Unzufriedenheiten und eures Verlangens, in Mengen konsumieren zu müssen. Ihr habt verlernt, die kleinen aber auch die großen Dinge zu genießen. Wenn ihr euch wirklich einlaßt und bereit seid, es zu genießen, werdet ihr weitaus weniger als die Hälfte benötigen, um zufrieden und glücklich zu sein.

Ihr kennt doch sicher das Gefühl von Einsamkeit und Traurigkeit, und dann geratet ihr in einen Kaufrausch oder eßt Schokolade tafelweise. Ihr könntet noch mehr essen, noch mehr kaufen, um euch zu beruhigen und euch abzulenken. Aber euer wirklicher Wunsch, zufrieden und glücklich zu sein und genießen zu können, wird nicht erfüllt. Wenn ihr euch auf einzelne Dinge wirklich einlaßt und eure Sinne öffnet und genießt, dann seid und fühlt ihr euch reich. Und Reichtum wird sich auch in allen äußeren Dingen manifestieren. Also genießt euer Leben und euren inneren und äußeren Reichtum. Genießt die Natur, genießt eure Beziehungen und eure Arbeit und alles, was ist.

Es lebe der Genuß und die Freude in eurem Leben, die ihr euch erobern könnt - jetzt und in jedem Moment!

Innerer und äußerer Reichtum

Ich möchte mit euch über Reichtum sprechen, über inneren und äußeren Reichtum.

Innerer und äußerer Reichtum und ein Leben in Liebe und Glück sind eng miteinander verknüpft. Wenn ihr euch innerlich reich fühlt, euch und das, was ihr seid, wertschätzt und die Menschen um euch herum und die ganze Schöpfung - dann werdet ihr euch auch im Außen Reichtum schaffen können. Und ich möchte euch noch einmal, vor allem euch, die ihr nach inneren Werten und spirituellen Inhalten und Zielen sucht, mitteilen, daß es euch von höchster Quelle erlaubt ist, auch im Außen reich zu sein.

Es stimmt nicht, daß eine innere und spirituelle Entwicklung nur dann gut ist, nur dann wirklich rein ist, wenn ihr arm seid und wenn ihr alles, was ihr besitzt, abgebt. Es ist wirklich nicht wahr! Es ist so, daß die göttliche Quelle, die göttliche Kraft, Reichtum für euch alle vorsieht. Alle Wesen sollen glücklich und frei sein, von innerer und äußerer Schönheit und von innerem und äußerem Reichtum umgeben. Ihr nehmt niemandem etwas weg, wenn ihr euer Leben glücklich und reich gestaltet. Ihr könnt niemandem etwas wegnehmen, wenn ihr euch an eure Größe und eure Schönheit erinnert. Es ist genug Platz und genug Fülle für alle Menschen da. Es existiert genug Reichtum, genug Liebe und Glück für euch alle. Ihr seid nicht dafür verantwortlich, wenn sich andere Menschen nicht an ihren inneren und äußeren Reichtum und ihre innere und äußere Fülle erinnern. Sie erinnern sich auch nicht an die Fülle der göttlichen Kraft und an die Liebe der göttlichen Kraft.

Wenn ihr in Übereinstimmung lebt mit der göttlichen Kraft und eurer inneren Stimme, eurem Höheren Selbst, (wie auch immer ihr es bezeichnen wollt), wenn ihr euch dieser Kraft anvertraut und daran glaubt, daß sie alle Liebe und allen Reichtum für euch bereithält, dann wird all das zu euch kommen, weil ihr es euch erschafft und weil ihr eure Energie und eure Liebe und euren Glauben in die Existenz der Unendlichkeit und der unendlichen Fülle der göttlichen Kraft gebt.

Die göttliche Kraft, die göttliche Liebe und der göttliche Reichtum erschöpfen sich nicht. Sie erschöpfen sich nicht, selbst wenn ihr euch all das nehmt, was ihr braucht, um glücklich zu sein; wenn ihr euch all das nehmt, um reich zu sein und in Liebe zu leben. Genau das ist für alle Menschen vom göttlichen Plan vorgesehen. Es gilt nur, zu vertrauen und euch zu erinnern. Und wenn Menschen arm sind, dann ist es ihre Lernerfahrung, dann ist es ihre Aufgabe, in Armut zu leben. Und vielleicht ist es ihre Erfahrung, zu lernen, sich aus ihrer Armut und ihrem Armutsdenken zu befreien. Und vielleicht ist es aber auch ihre Erfahrung, in Armut glücklich zu sein und ihre Beschränkungen lieben zu lernen. Und vielleicht ist es ihre Aufgabe, ihre Erfahrung und ihre Entscheidung, unter ihrem „Arm - sein" leiden zu wollen.

Es ist nicht deine Verantwortung und nicht deine Entscheidung und du brauchst dich nicht dafür schuldig fühlen, daß du dich anders entschieden hast und entscheidest. Es ist ihre Bestimmung und ihre Entscheidung. Das, was für die Menschen, die die Erfahrung der Armut erleben, wichtig ist, kannst du aus deinem Blickwinkel nicht immer verstehen und klar sehen. Es kann sein, daß ihnen eben diese Erfahrung mehr dient, als wenn du ihnen Geld zufließen lassen würdest. Es geht nicht darum, die Welt zu verändern und den anderen ihre Erfahrungen abzunehmen, sondern nur darum, dein Leben und deine Erfahrungen zu verändern. Es gilt, deinen inneren Reichtum und den Reichtum und die Unerschöpflichkeit der göttlichen Quelle anzuerkennen. Es gilt, anzuerkennen, daß es eine nährende göttliche Kraft gibt, die niemals versiegt.

Sei gewiß, du wirst niemandem etwas wegnehmen, wenn du deinen Raum einnimmst, dich entfaltest und dein Glück lebst. Es gibt genug Platz und genug Raum für alle.

Damit meine ich nicht die Motivation, sich unendlich auszubreiten und anderen ihren Raum zu nehmen oder sich auf Kosten anderer Menschen zu bereichern. Dies ist eine völlig andere Energie. All das entspringt der Energie des Mangels, wenn ihr glaubt, euch auf Kosten eines anderen Menschen ausbreiten oder einem anderen etwas wegnehmen zu müssen, damit ihr es bekommt. All das sind Gedanken des Mangels - Gedanken und Gefühle, die in der Dualität gefangen sind und fehlendes Vertrauen in eine Kraft, die euch alle nährt und die euch alles schenkt, wenn ihr euch öffnet, ohne einem anderen Menschen etwas wegzunehmen oder einen anderen Menschen damit zu beschneiden.

Wenn du dich der göttlichen Kraft und ihrem Reichtum öffnest, dann fließt sie zu dir. Das hat mit einem anderen Menschen nichts zu tun. Du bist nicht verantwortlich für das Glück und den Reichtum eines anderen Menschen. Begreife das in der Tiefe deines Herzens, in der Tiefe deines Wesens.
Und genauso ist niemand anders als du selbst für deinen inneren und äußeren Reichtum verantwortlich. Es sind nicht deine Eltern, nicht deine Berufsausbildung, dein Mann, deine Frau, oder deine Kinder. Das bist nur du. Du kannst dir erschaffen, was dir entspricht, und wenn du es wirklich willst, kann und wird dich niemand davon abhalten. Und wenn du wirklich in reiner Motivation, mit dem Vertrauen in die göttliche Liebe und den göttlichen Reichtum lebst, dann wird kein anderer Mensch wirklich davon eingeschränkt werden. Mache das dir bewußt.
Noch einmal: Der Reichtum in dir und der Reichtum im Außen, für den du dich in Übereinstimmung mit der göttlichen Kraft entscheidest und lebst, wird und kann niemand anderem, keinem anderen Menschen seinen Reichtum, seine Fülle, seine Liebe und sein Glück schmälern beziehungsweise wegnehmen. Im Gegenteil. Je mehr du inneren und äußeren Reichtum und deine Fülle lebst, du zufrieden, glücklich und voller Liebe mit dir selbst und deinem Leben bist, desto mehr wird sich diese Energie ausbreiten, sich vermehren und andere Menschen an ihren Reichtum, an ihr Vertrauen und an die Fülle des Universums erinnern.

Glaube mir, du nimmst niemandem etwas weg! Es gibt keinen Grund, dich schuldig zu fühlen! Laß all deine Wünsche, all die Stimmen und all die Gefühle zu, die in der Welt deines inneren Reichtums und in der Fülle deines Selbst leben. Höre diese Stimme, die dir sagt, wie dein erfülltes Leben aussieht. Höre ihnen zu, den Stimmen, die dir sagen, wie du dich reich und glücklich fühlen kannst. Vertraue der göttlichen Kraft, auch wenn der Reichtum in dir und um dich herum erst einmal nicht sichtbar ist. Glaube immer wieder daran, daß die göttliche Fülle und der göttliche Reichtum existieren und zu dir kommen werden, wenn du dich öffnest. Habe Geduld, gib nicht auf und verzage nicht, denn wenn dieser Glaube und dieser Wille über allem stehen, werden sie alle Hindernisse, alle Ängste und alle Befürchtungen, die immer wieder zwischendurch in dir auftauchen, durchbrechen. Der Glaube an die Liebe, an die göttliche Kraft, an die göttliche Fülle und an den göttlichen Reichtum ist stärker als jeder Zweifel und jede Angst. Vertraue immer wieder darauf, daß dir das Beste, Schönste und Wunderbarste zusteht, ebenso wie allen anderen Menschen. Zweifel, Ängste und Gedanken des Mangels gehören zu eurem Menschsein, und wahrscheinlich werden sie auch immer wieder in dir auftauchen. Laß sie da sein, registriere sie, nimm sie an, aber gib ihnen keine Energie.

Erinnere dich immer wieder an die göttliche Fülle, an deinen inneren und äußeren Reichtum, und du wirst dir diese Fülle erschaffen. Hindernisse, Steine und Hürden, die du dir in den Weg legst, wird es immer geben. Sie werden weniger werden, Schritt für Schritt, je mehr du der göttlichen Kraft und der göttlichen Liebe vertraust.

Glaube daran: Du bist das geliebte Kind eines göttlichen Vaters und einer göttlichen Mutter. Sie umhüllen und umsorgen dich ständig und unausweichlich mit ihrer nährenden, liebenden und göttlichen Energie. Egal, wo du bist, egal, was du tust - sie sind bei dir. Sie unterstützen dich auf deinem Weg und haben all die Energie und all das Potential, dir dein göttliches Geburtsrecht zu geben, damit du glücklich, reich und voller Liebe bist und dir

all das erschaffen kannst, was du dir wünschst, wenn es in Über-
einstimmung mit der göttlichen Kraft und dem höchsten göttli-
chen Willen geschieht.
Und dies gilt für alle anderen Geschöpfe auch. Wenn ein ande-
rer Mensch nicht glücklich ist, wenn ein anderer Mensch traurig
ist und arm ist in seinem Leben, ist das niemals deine Schuld
und deine Verantwortung. Nichts sollte dich hindern, deinen
Weg in Fülle zu gehen, und es sollte dich nicht dazu bringen,
deine Kraft zu unterdrücken und dich zu beschneiden und dich
kleiner zu machen als du bist. Letztendlich hilfst du weder dir
noch dem anderen Menschen, selbst wenn du es in dem Mo-
ment glaubst.
Befreie dich von deinen Schuldgefühlen, für das Glück und den
inneren und äußeren Reichtum eines anderen Wesens verant-
wortlich zu sein. Schau einmal genau hin, bei wem hast du die
Tendenz, deine innere Wahrheit, deine innere Größe und dei-
nen inneren Reichtum verschwinden und beschränken zu las-
sen? Wann und wo fühlst du dich schuldig, wenn du glücklich
bist, wenn du reich bist, innerlich und äußerlich? Schau dir die-
se Beziehungen, diese Gefühle und Gedanken an und finde ei-
nen Weg, dich davon zu befreien.

Ich kann euch noch einmal aus allerhöchster Sicht die Erlaubnis
geben, reich und glücklich zu sein und eure tiefsten Wünsche in
Erfüllung gehen zu lassen, damit ihr in eurer vollen Größe, mit
eurer ganzen Macht und eurem ganzen Reichtum leben könnt.
Auf einer höheren Ebene schreit die ganze Welt „hurra". Die
ganze Welt wird sich freuen über die Menschen, die sich erlösen
von den Gedanken und den Zuständen des Mangels.
Ihr erinnert euch, ihr seid göttliche Essenz und göttliche Kraft
und entspringt der göttlichen Fülle. Jeder Mensch, der sich frei
macht von Schuldgefühlen und sich zu seiner wahren Macht
und Größe und zu seinem inneren und äußeren Reichtum be-
kennt und an ihn glaubt, wird Unermeßliches bewirken. Aber es
ist nicht nur eure Veränderung. Es findet eine Veränderung im
Bewußtsein der gesamten Menschheit statt. Die Energie eines

einzigen Menschen, der sich auf den Weg des inneren und äußeren Reichtums und auf den Weg der Fülle macht und an die unerschöpfliche göttliche Energie glaubt, ist um vieles höher und kraftvoller als die Energie der Menschen, die sich klein machen, in Ängsten und in Gefühlen des Mangels leben und sich um ihr göttliches Potential beschneiden.

Wie gesagt: Ein Teil von dir wird vielleicht immer wieder einmal mit dem Mangel und der Angst konfrontiert sein. Aber gleichzeitig werden die Kraft der Liebe und die Kraft des Vertrauens in die Fülle viel stärker sein, und du wirst die Hindernisse und Hürden überwinden und auch die Zeiten, in denen du glaubst, die göttliche Kraft habe dich verlassen. Letztendlich, wenn du dich wirklich der göttlichen Kraft anvertraust und dich entscheidest, daß das dein Weg ist, wirst du immer wieder zu ihr zurückfinden können. Du wirst Schritt für Schritt innerlich und äußerlich reicher werden. Du wirst dir deine Wünsche und Träume erlauben und manifestieren können. Und davon werden unglaublich viele Menschen profitieren. Mehr, als wenn du Angst hast, daß du irgend jemandem etwas wegnehmen könntest und dich beschneidest.

Gerade jetzt - und deswegen spreche ich so ausführlich zu diesem Thema - ist es so wichtig, daß ihr euch an eure innere und äußere Fülle erinnert und eure Wünsche und eure Visionen einer neuen Welt, eines Lebens in Liebe und Fülle, lebt. Und ihr beginnt damit, indem ihr euer Leben so lebt, wie ihr es euch wünscht und euch erträumt mit all dem Reichtum, der für euch angemessen ist. Dazu braucht ihr nicht unbedingt weltliche Güter und Gelder in Mengen anhäufen, die irgendwo liegen und euch nicht helfen. Ich meine vielmehr Reichtum, der euch wirklich dient, der in euch lebendig ist und der euch das verwirklichen läßt, was ihr euch tief im Herzen wünscht. Alles andere ist ein Anhäufen unnützer Güter und hilft euch nicht - ist nur wieder eine Energie der Angst und des Mangels, die euch zwingt, euch abzusichern und vorzusorgen für irgendwelche Zeiten und

Nöte. Wo ist das Vertrauen in die göttliche Kraft, die euch immer nährt?

Also stellt euch vor, daß ihr immer genug Geld, genug Energie und genug Unterstützung bekommt, um das zu erschaffen und euer Leben wirklich zu genießen, auf daß es euch diene. Das mag eine Firma sein, größer oder im kleiner, oder ein Haus, das ihr euch wünscht, eine Reise und liebevolle, innerlich reiche Beziehungen. Es gibt keinen allgültigen Maßstab. Nur seid nicht zu bescheiden! Laßt eure wahren Wünsche und eure Träume zu, und wenn sie euch und eurer Entwicklung wirklich dienen, dann könnt ihr sie mit Hilfe der göttlichen Kraft manifestieren. Äußerer Reichtum sollte in Übereinstimmung mit eurem inneren Reichtum stehen und mit eurem Vertrauen in die Fülle und die Anwesenheit der göttlichen Kraft. So gibt es keine Richtlinie und kein allgemeingültiges Maß dafür, welcher Reichtum für jeden einzelnen von euch angemessen ist. Es ist ganz unterschiedlich, und es ist wichtig, daß er erfüllt ist mit eurer Energie und eurem Glauben. Und wenn ihr sehr reich seid und sehr reich sein wollt und laßt das Geld, die Energie, fließen in Projekte, die mit euch und der göttlichen Führung übereinstimmen, und das Geld ist im Fluß, dann ist es richtig. Dann können es Beträge in Millionenhöhe sein, dann ist es richtig und der Wille Gottes!

Macht euch bitte klar: In der Welt der Finanzen und des Geldes muß sich etwas bewegen, und auch in den Bereichen großer Firmen und der Hochfinanz müssen sich Wandlungen vollziehen. Es passiert nicht, indem ihr meint, der oder die müssen sich verändern, sondern diese Veränderungen passieren und geschehen durch jeden einzelnen von euch.

Sie vollziehen sich durch dich, der du dich an die Fülle und an den Reichtum erinnerst und daran, daß Geld Energie ist und göttliche Liebe sein soll, die fließt; die fließt, um zu erschaffen. Und so setze dir keine geistigen Schranken, und wenn du in dir ein Gefühl, eine Idee, eine Vision hast, sehr reich zu sein, um bestimmte Dinge zu erschaffen, dann lasse diese Vision zu. Auch wenn du denkst, du darfst nicht in Millionen denken, lasse diese Gedanken zu, lasse die ganze Fülle, den ganzen Reichtum in dir zu. Es wird sich so viel bewegen, so viel verändern, wenn du dir das Leben anschaust und deinen Reichtum in bezug auf deine innere und deine äußere Welt.

Es sind Menschen wie du gefragt, die sich anschließen an die göttliche Quelle, an ihre Ideen und an das Gefühl bedingungsloser Liebe.

Es ist wichtig, daß ihr lernt, daß Geld euch keine Sicherheit geben kann. Es ist wichtig, daß ihr lernt, daß Geld fließen muß und Geld nichts anderes ist als ein Ausdruck eurer eigenen Energien und eurer eigenen Gedanken. Geld ist nicht schlecht, und Geld ist nicht gut. Geld ist nur Energie, die fließen soll.
Es ist die Frage, was ihr mit diesem Geld macht und wie ihr mit ihm umgeht - und das ist nicht abhängig von Summen und Begrenzungen. Es ist abhängig von euren Visionen und von euren Einstellungen und von eurem Vertrauen in den Fluß des Lebens und in die Unterstützung der göttlichen Kraft, in ein Versorgt- und Genährtsein durch sie. Geld will fließen, so wie Energie fließen will. Geben und Nehmen, ein einziges Fließen. Ein einziger Austausch von Energien.

Und so schaue einmal in dein Leben. Wie verläuft der Fluß von Energien in deinem Leben? Wieviel bist du bereit, zu geben, und wie kannst du nehmen? Kannst du überhaupt annehmen, und bist du dankbar für das, was du bekommst? Bist du dankbar auch für die kleinsten Kleinigkeiten? Oder erwartest du immer nur das Große und kannst das Kleine nicht schätzen? Bist du dankbar für eine Hilfe, für eine Unterstützung, für einen Blick, und kannst du dich öffnen und diese annehmen? Bist du offen und dankbar auch für das, was du nicht erwartest?
Bist du dankbar und offen für das, was dir andere Menschen geben wollen?

Oder fällt es dir schwer, etwas anzunehmen, dankbar dafür zu sein und es wertzuschätzen? Ist es vielleicht auch schwierig für dich, anzunehmen, weil du das Gefühl hast, daß es dir nicht zusteht, daß du nicht wichtig genug und nicht wertvoll genug bist? Ist es auch schwer für dich, anzunehmen, weil du dich schnell verpflichtet und schuldig fühlst und ein Muster in dir trägst, daß du, wenn dir jemand etwas gibt, du sofort etwas zurückgeben mußt?

Setze dich mit deinem Verhalten, mit deinen Gefühlen auseinander. Wie gehst du um mit Energien und Geschenken und all dem, was du bekommst? Wie kannst du es annehmen? Vermeidest du vielleicht überhaupt, von irgend jemandem etwas anzunehmen, weil du dich schnell abhängig fühlst? Sieh einmal genau hin und spüre, wie es deine Art ist, anzunehmen. Mache dir bewußt, wie wichtig es ist, anzunehmen. denn, wenn du dich nicht öffnest und nicht lernst, anzunehmen, kann wirklich nichts zu dir kommen. Wie soll dein Leben dann glücklich sein? Wie soll dein Leben reich sein, wenn du den Kanal und die Öffnung geschlossen hältst, sobald etwas zu dir fließt? Es gibt keine großen Unterschiede. Wenn du schon die kleinen Dinge nicht annehmen kannst, wie sollen dann größere Dinge zu dir kommen? Annahme und Dankbarkeit gehören zusammen. Begreife, daß, wenn dir jemand etwas gibt, du zu nichts verpflichtet bist. Es ist ein Geschenk an dich. Das ist alles.

Vielleicht erinnerst du dich an eine Situation, in der du jemandem ein Kompliment gemacht hast oder etwas schenken wolltest, und diese Person hatte Schwierigkeiten, es anzunehmen. Ist es nicht ein komisches Gefühl, fühltest du dich nicht zurückgewiesen und fandest du es nicht schade, daß dein Gegenüber nicht bereit war, dein Geschenk und dein Gefühl von Liebe anzunehmen?

Erwartest du vielleicht selbst, wenn du etwas gibst, immer etwas zurück? Mache dir einmal Gedanken über Geben und Nehmen, über deine Gefühle und deinen Umgang mit diesen Energien.

122

Und sicherlich ist es manchmal auch wichtig, etwas nicht anzunehmen, wenn du das Gefühl hast, daß die Motivation desjenigen, der gibt, nicht rein und an Bedingungen und Abhängigkeiten geknüpft ist. Du mußt nicht alles annehmen. Du mußt nicht annehmen, was du nicht willst. Es ist deine Entscheidung. Und es ist auch wichtig, in einigen Fällen zu unterscheiden, was gut für dich ist und was nicht.

Und dennoch gibt es vieles, was wichtig wäre für dich anzunehmen, in Dankbarkeit anzunehmen und dich dafür zu öffnen und du es dennoch nicht tust. Seid dankbar für das, was du bekommst, ehre es und lerne es schätzen. Ein Annehmenkönnen ist genauso wichtig wie ein Geben, ein Geben aus der Fülle deines Herzens. Ein Geben von Liebe. Ein Geben von Gefühlen. Ein Geben von Geschenken, wie immer sie aussehen mögen.

Ich meine mit Geben und Nehmen nicht nur die materielle Ebene. Ich meine damit auch das Geben und Annehmen von Gefühlen. All das gehört zu innerem und äußerem Reichtum.

Wie kannst du geben? Gibst du gerne? Und gibst du aus der Fülle deines Herzens? Erwartest du Gegenleistungen für das, was du gibst? Gibst du vielleicht, damit andere Menschen sich dir verpflichtet fühlen? Oder gibst du, weil du geben willst, weil du glücklich bist und dein Glück teilen möchtest? Gibst du vielleicht, weil du deine Liebe schenken willst, deine Liebe und deine Anerkennung und all den Reichtum und die Fülle, die du in dir spürst? Gibst du, weil du gern hilfst und weil du glücklich bist, wenn du andere Menschen glücklich machen kannst?

Gib aus vollem Herzen. Gib mit der Liebe deines Herzens und gib, um anderen Menschen Freude, Reichtum und Liebe zu schenken. Gib ohne Bedingungen daran zu knüpfen.

Genauso ist der Weg des Geldes - ein Geben und Nehmen. Ein Fluß von Energie. Und es führt zu einem Ungleichgewicht in dir, wenn du zuviel gibst und zu wenig nimmst, oder wenn du zuviel nimmst und zu wenig gibst. Geben ist nicht besser als Nehmen. Geben und Nehmen haben denselben Wert. Geben und Neh-

men bedingen sich und bilden einen vollendeten Kreislauf, eine vollendete Energie. Beschneidest du den einen oder den anderen Teil, kannst du nicht in Fülle und Reichtum leben. Der Fluß der Energie ist unterbrochen, und nur das eine, ohne das andere, wird dich nicht in deiner vollen Kraft leben lassen.

Menschen, die immer geben, deren Energie ist irgendwann erschöpft, da sie keine Energie aufnehmen, um sich wieder aufzufüllen und die Energie des Gebens und Nehmens durch sich fließen zu lassen. Irgendwann können sie nichts mehr geben, weil es nichts mehr zu geben gibt. Vergleiche es mit einem Gefäß, das mit einer Flüssigkeit gefüllt ist. Wenn du es entleerst und entleerst, nimmst und nimmst, wirst du irgendwann auffüllen müssen. So stell dir ein Gefäß vor, das seinen Inhalt gibt und gibt, und wenn es nicht nachgefüllt wird und neue Energie, eine neue Füllung, eine neue Flüssigkeit aufnimmt, kann es nicht mehr geben.

Geben ist abhängig davon, daß es durch Nehmen wieder aufgefüllt und gespeist wird. Es ist ein unendlicher Fluß der Energien. Es gibt keine Erschöpfung, keinen Mangel, keine Leere. Es fließt unendlich - Geben und Nehmen, Geben und Nehmen. Es kann keine Armut entstehen, denn Energie fließt und fließt, immer und immerwährend.

Betrachte dein alltägliches Leben, deinen Umgang mit dem Geld, deinen Umgang mit Komplimenten, mit Gefühlen, die dir von anderen geschenkt werden und die du anderen schenkst. Schau dir deine Gedanken an, die sich auf Geben und Nehmen, auf inneren und äußeren Reichtum beziehen, deine Vorstellung von dem, was für dich Reichtum bedeutet. Welche Sätze gaben dir deine Eltern mit? Und vielleicht existiert in dir eine ganze Palette von Sätzen wie:

- *Geben ist seliger denn Nehmen.*
- *Die Reichen haben ihr Glück sowieso nur auf dem Unglück anderer Menschen aufgebaut.*
- *Die Reichen sind hart und kalt.*

- *Wer reich ist, hat kein Herz.*
- *Die Reichen unterdrücken die Armen.*
- *Man muß bescheiden sein und darf keine großen Wünsche haben, sonst wird man von Gott nicht geliebt.*
- *Gott will nicht, daß mir Reichtum wichtig ist.*
- *Wenn ich reich bin, dann haben viele andere Menschen darunter zu leiden, dann gibt es vielleicht Menschen, die neidisch sind, und das darf nicht sein.*

Und vielleicht gibt es auch Sätze in euch, daß ihr immer arm sein werdet und nicht zu den Menschen gehört, die auf der Sonnenseite des Lebens stehen. Öffnet euch all diesen Informationen, all diesen Gedanken und Gefühlen, die in euch leben und von eurem Unterbewußtsein aus euer Leben beeinflussen.
Natürlich ist es richtig, daß ihr euch nicht zu Sklaven äußeren Reichtums und des Geldes machen sollt. Das meine ich nicht. Ich sage nicht, daß Geld und Reichtum euer größter Inhalt sein sollen, indem ihr euch aufgebt und euch zum Sklaven des Geldes macht. Könnt ihr erkennen, daß ihr euch genauso zum Sklaven eures Geldes macht, wenn ihr immer das Gefühl habt, nicht ausreichend Geld zu haben, daß euer Leben nicht reich genug ist und ihr in eurem Leben nicht das erschaffen könnt, was euch glücklich macht? Auch dann seid ihr Sklaven, auch dann seid ihr nicht frei, denn ihr übernehmt nicht die Verantwortung für das, was euch in eurem Leben wichtig ist, und für das, was euch in eurem Leben glücklich sein und euer Leben genießen läßt.
„Ich habe zu wenig Geld. Mein Leben ist nicht reich genug." All das sind Gedanken des Mangels. Es ist ein fehlender Glaube an die göttliche Kraft, die euch nährt und die euch in Reichtum und Fülle leben läßt. Es ist derselbe Mangel an Fülle in eurem Bewußtsein, wie das der Menschen, die nach Geld streben, es anhäufen und glauben, das Geld könne ihnen Sicherheit geben und sie wertvoller und besser dastehen lassen als andere Menschen. All das ist nicht die Energie von Fülle und die Energie von Reichtum, die ich meine. Das eine ist nicht besser als das ande-

re: Es sind zwei Seiten einer Medaille. Es sind die zwei Seiten der Dualität, die mit dem Bewußtsein und dem Umgang mit Geld, Reichtum und Armut zu tun haben.

Erschaffe dir dein Leben in Reichtum und Fülle, wie immer es aussehen mag. Innerer Reichtum und innere Fülle, ein Genießen deines Lebens so, wie du es dir wünschst und so, wie du glücklich bist im Gewahrsein und im Bewußtsein der göttlichen Energie und der göttlichen Fülle.
Es ist wirklich die Zeit gekommen, daß ihr euren Reichtum lebt in allen Bereichen der Welt, in allen Schichten und in allen Dimensionen. Es gibt keinen Bereich, vor dem es nötig ist, Halt zu machen, wenn dein Weg dich dorthin führt. Wirf all die kleinen Stimmen über Bord und vertraue der Fülle und der göttlichen Kraft.

Die Welt braucht Menschen, die konkret in der Welt Reichtum und Schönheit schaffen mit der Energie und dem Gewahrsein der göttlichen Fülle und des göttlichen Reichtums. Das wird wandeln, und das wird verändern.
Euch ausschließlich in euer stilles Kämmerlein zurückzuziehen, zu meditieren und zu glauben, arm sein zu müssen, um zu Gott zurückzukehren, das ist nicht der Weg. Jeder von euch hat das Potential, Liebe und Reichtum in diese Welt zu pflanzen, indem ihr sie in eurem Leben wachsen laßt. Die Welt bedarf einer neuen Ordnung und neuer Strukturen, in denen jeder einzelne sein Leben in die Hand nimmt, im Vertrauen auf die göttliche Kraft und im Vertrauen auf die Liebe und das Willkommensein menschlicher Gefühle, menschlicher Unzulänglichkeiten und menschlicher Einschränkungen.
Liebt das Leben, liebt die Fülle und den Reichtum auf allen Ebenen und dankt der göttlichen Kraft für den Reichtum, den sie euch jeden Tag schenkt und schenken kann, innerlich und äußerlich, wenn ihr euch nur dafür öffnet. Ihr seid die Boten des neuen Tages und der neuen Welt, indem ihr die Erde und ihren Reichtum, der auch euer Reichtum ist, anerkennt, so wie es ist

in diesem Moment und in jedem späteren Moment, und gleichzeitig an ihr Wachstum und an ihre Fortentwicklung glaubt. Ihr könnt Unermeßliches bewirken, wenn ihr euch endlich ermächtigt, machtvoll, kraftvoll, voller Liebe und reich zu sein mit euren menschlichen Wünschen und euren Bedürfnissen in eurem Leben.

Es lebe der Reichtum und die Schönheit in eurer Welt,
immer und ewiglich. Und einzig ist die Liebe.

Im Namen des Vaters und des Sohnes und des Heiligen Geistes.

Liebe deinen Körper

Ich möchte mit euch über ein Leben in einem Körper sprechen, und ich möchte mit euch über die Liebe zu eurem Körper sprechen.

Wißt ihr, es gibt viele Daseinsformen, die keinen Körper wie ihr besitzen. Es gibt Existenzen, die nur reine Energie sind und ihre Energie in Formen bringen und verändern können, wie sie wollen. Das Leben in einem Körper ermöglicht euch besondere Erfahrungen, Erfahrungen in dem Bewußtsein, eine einzelne Person zu sein, getrennt von anderen zu existieren und euch als Ich wahrnehmen zu können.

Die Erfahrung in einem Körper ermöglicht euch als einzelne Person, Grenzen wahrzunehmen, Grenzen zwischen euch und Grenzen zwischen eurem Gegenüber.

Ihr könnt euch identifizieren mit dem Menschen, der ihr seid, mit eurem Körper, eurem Aussehen. Ihr nehmt euch als einzelnes Wesen in einem Körper wahr. Dieses Sein in einem Körper entspricht den Erfahrungen, die ihr auf der Erde machen könnt. Ihr seid verdichtet in Materie, die euch am Boden und auf der Erde hält. Euer Körper gleicht sich der Schwingung der Erde an. Er gleicht euch an, damit ihr dort leben könnt, um Erfahrungen in der Dualität, Erfahrungen in der Verdichtung machen zu können. Euer Körper ist jetzt ein Vehikel für das Leben eurer Seele, für das Leben eurer Energie auf der Erde. Euer Körper ist ein wichtiges Instrument, denn mit ihm bewegt ihr euch durch das Leben. Euer Körper ist das, was ihr sehen, was ihr fühlen, dessen Grenzen, Umrandungen und Formen ihr wahrnehmen könnt. Über euren Körper könnt ihr fühlen, könnt ihr euch bewegen, ihr könnt etwas erfassen, ihr könnt genießen über eure Sinne. Euer Körper bietet euch vielfältige Möglichkeiten, und es ist wichtig, daß ihr euren Körper lieben lernt.

Es ist richtig, ihr seid nicht euer Körper. Eure Seele ist frei, eure Seele hat sich diesen Körper ausgesucht, um auf der Erde Erfahrungen machen zu können. Und wenn ihr sterbt und euer

Körper tot ist, lebt eure Seele weiter, wie ihr wißt. Und so könnt ihr euch vorstellen, ist euer Körper wirklich „nur" ein Vehikel, wie ein Auto, wie ein Fahrzeug - wie ein Mittel, um euer Leben auf der Erde leben zu können. Euer Körper ist sehr wichtig, und dennoch ist er unwichtig. Wichtig ist, daß ihr begreift, daß ihr nicht euer Körper seid und euch auch nicht über ihn in diesem Leben identifiziert.

Du bist nicht nur der oder die, der/ die du glaubst zu sein. Du bist viel vielfältiger und existierst in vielen Dimensionen gleichzeitig. Letztendlich seid ihr, du und deine Seele, reine Energie, die frei ist von allen Begrenzungen.
Doch um zu lernen und bestimmte Erfahrungen zu machen und dir deiner Seele bewußt zu werden, wähltest du diesen Körper. Er ist sehr wichtig für dich und gleichzeitig absolut unwichtig. Er ist wichtig, damit du deine Erfahrungen auf der Erde machen kannst. Und um so wichtiger ist es, ihn lieben zu lernen, ihn anzunehmen und wertzuschätzen. Sei dir bewußt, daß die Erfahrungen, die du als Mensch auf der Erde machst, nicht ohne deinen Körper möglich wären. Auch wenn du letztendlich nicht dieser Körper und dieser Mensch bist. Und trotzdem liebe ihn, deinen Körper, für die Zeit, die du auf der Erde existierst, weil er dir Erfahrungen ermöglicht, die ohne ihn nicht möglich wären. Und um ein Leben in Liebe und in Bewußtheit deiner Ganzheit und deines göttlichen Selbst zu leben, ist es wichtig, deinen Körper zu lieben, ihn zu achten und zu pflegen und ihn rein und klar zu halten.

Erkenne, daß dein Körper für diese Zeit, für diese Erfahrung, zu dir gehört. Es ist wichtig, deinen Körper in all seinen Formen, mit all seinen Begebenheiten, genauso wie er ist, zu lieben. Dein Körper ist nicht weniger wert als deine Gedanken, als dein Geist und als deine Ideen. Er ist wichtig, denn er bildet das Gefäß für deine Erfahrungen, für die Erfahrungen deiner Seele und deiner Energie auf der Erde. Er ist ein Werkzeug, ein Gefäß, und du solltest dieses Gefäß pflegen und es wertschätzen.

Und insofern sind all die Erfahrungen, die du in deinem Körper und durch deinen Körper machen kannst, wertvoll, wenn du lernst, ihn zu lieben, wenn du lernst, anzunehmen, daß du in diesem Körper lebst.

Verbunden mit Erfahrungen auf der Ebene deines Körpers sind menschliche Gefühle, menschliche Leidenschaften und der menschlichen Wille. Es ist eine sehr unmittelbare, sehr direkte und sehr sinnliche Ebene. Du kannst viele wunderbare Erfahrungen in deinem Körper machen.

Ich sprach schon über das Genießen, über deine Sinne in deinem Körper. All die sinnlichen und erotisch sexuellen Erfahrungen sind möglich, weil du in deinem Körper lebst. Und wenn du deinen Körper liebst, ihn genießen und annehmen kannst, dann eröffnet er dir Möglichkeiten, sehr glücklich zu sein, und vermittelt dir das Gefühl der Einheit. Dein Körper stellt eine Verbindung zwischen Himmel und Erde her. Deine Seele ist in deinen Körper eingetreten, um auf der Erde zu leben und dir diese Erfahrung zu ermöglichen.

Viele von euch wollen gerne aus ihrem Körper raus, weil sie sich nicht wohlfühlen in der verdichteten Materie, und sie bewerten den Körper niedriger als den Geist und seine spirituelle Entwicklung, oder als den Kopf mit seinen Gedanken und seiner Logik. Ihr wolltet Erfahrungen in einem Körper machen, sonst wäret ihr nicht geboren worden. Ihr habt euch dafür entschieden, und diese Erfahrung in einem Körper eröffnet euch Bereiche, die niemals offen wären, hättet ihr diesen Körper nicht. Deswegen ist es so wichtig, anzuerkennen und zu lieben, was euch euer Körper ermöglicht. Und das ist so vieles: Einen anderen Menschen zu lieben, sinnliche Erfahrungen zu machen, euch auf der Erde zu bewegen, um die Dinge zu erledigen, die euch wichtig sind. Er ermöglicht euch zu genießen, zu lieben, zu sehen, zu handeln und zu erleben. Und ermöglicht euch, euch als eigene Existenz wahrzunehmen und alle Erfahrungen in der Dualität. Diese Verdichtung, die eure Energie durch euren Körper erfahren hat, ist wichtige Voraussetzung, damit ihr überhaupt auf der Erde leben könnt. Ich möchte euch an dieser Stelle noch einmal verdeutlichen, wie wichtig es für euch ist, Erfahrungen in eurem Körper zu machen und wie wichtig, euren Körper zu lieben und anzunehmen so wie er ist, genauso wie ihr seid. Euer Körper ist Ausdruck eurer Selbst und eurer Form von Energie und eurer Schwingung. Und er hat diese Form, um euch die Erfahrungen zu ermöglichen, die zu dieser Zeit für euch wichtig sind.

Und so betrachtet einmal euren Körper mit dem Gewahrsein und dem Bewußtsein vollkommener Schönheit, der Vollendung und der Vollkommenheit. Viele von euch mäkeln an ihrem Körper herum, daß er so oder so aussehen sollte, ihr zu dick oder zu dünn oder falsch proportioniert seid. Es ist für uns sehr traurig, das zu sehen. Euer Körper ist ein Ausdruck eurer Selbst. Er ist ein wichtiger Ausdruck in dieser Erfahrung als Mensch.

Und so beginn zu sehen, daß dein Körper, die Form und den Ausdruck gewählt hat, der dir bestmöglichst dient und dir zu diesem Zeitpunkt entspricht.

Nimm ihn an so, wie er ist. Ob er der Form und dem Ideal entspricht, das du dir erwartest, ist nicht relevant. Es ist notwendig, daß du diese Ideale losläßt und schaust:

Wer bin ich in diesem Körper? Wie sieht mein Körper aus und was mag mein Körper mir sagen?

Dein Körper beinhaltet eine sehr tiefe Sprache und lebt eine sehr tiefe, oft unbewußte Ebene. Er zeigt deine Gefühlsebene und auch all das, was du an Gefühlen verdrängst. Dein Körper ist ein wichtiger Teil von dir. Und egal wie er ist, egal wie er aussieht - es ist wichtig, daß du ihn annimmst und so liebst, wie er ist.

Und wenn du ihn als zu dick empfindest und das Gefühl hast, er wäre letztendlich nicht dein Körper, der dir wirklich entspricht, so laß dir von mir sagen, daß er deinem Entwicklungstand zu diesem Moment entspricht. Es ist ein Gesetz der Anziehung, und dein Körper zeigt Aspekte von dir, und diese Aspekte von dir wollen angenommen werden. Wenn du sie ablehnst, wird dein Körper stärker sein als du. Er wird sich seinen Weg, seine Sprache suchen, ob du willst oder nicht. Er beansprucht deine Aufmerksamkeit und will dir etwas erzählen.

Wenn du ihn ablehnst, verhält es sich genauso wie mit deinen Schattenseiten. Sie suchen sich ihren Weg, der dir unkontrollierbar erscheint, und je mehr du gegen ihn und deine Schattenseiten ankämpfst, desto stärker werden sie, desto mehr kontrollieren sie dich, desto mehr Macht gibst du ihnen. Genauso ist es mit deinem Körper, wenn du ihn verändern willst, wenn du gegen ihn ankämpfst und ihn nicht akzeptierst, dann wird er immer mehr so sein, wie du ihn dir nicht wünschst. Er will dir etwas sagen, er will mit dir sprechen, und er will von dir gehört werden. Nimm ihn an, deinen Körper so wie er ist, in jedem Moment. Nimm dich an, so wie du bist in jedem Moment, damit dein Körper und du zu einer Einheit werden können, zu einer Einheit der Liebe, zu einer Einheit der Existenz auf der Erde. Eine Einheit der Existenz deiner Seele in einem Körper.

Es gibt keine Trennung zwischen deinem Kopf, deiner Seele und deinem Körper. Es gibt keine Trennung zwischen Himmel und Erde, und es gibt keine Trennung zwischen dir und mir. Es gibt keine Trennung zwischen all den Menschen und zwischen all dem, was existiert in allen Universen. Es ist alles eins. Und wenn du beginnst, Teile von dir in dir abzulehnen, dann trittst du aus dem Gefühl der Einheit, des Einsseins und deines Zuhauses heraus. Es bedeutet Schmerz, wenn du sagst: „Das und das gehört nicht zu mir. Die und die Körperteile mag ich nicht. Ich lehne sie ab. Ich bin zu dick, ich bin zu dünn, meine Proportionen sind schrecklich."

All das sind Trennungen, Trennungen von dir. Sieh deinen Körper als deinen Freund. Er gehört zu dir mit allem, was ist. Beginne, dich mit deinem Körper zu arrangieren und seine Vollkommenheit in diesem Moment zu sehen. Und wenn du das Gefühl hast, daß dein Körper zu dick ist, sich tot und unlebendig anfühlt, und du meinst, er würde nicht zu dir gehören, dann mach

dich auf die Suche. Frage dich, warum manche Teile in dir ab-
gestorben sind, sich schützen müssen und nicht frei sind. Höre
diesen Aspekten zu, anstatt sie zu verachten und sie ausmer-
zen, von dir abtrennen zu wollen. Nimm sie zu dir, höre zu, was
sie dir sagen wollen. Und du wirst sie mit Leben füllen können.
Dein Körper wird sich von allein verändern, je mehr du dich
selbst annimmst, je mehr du dich lieben lernst und je mehr du
Belastungen und negative Erfahrungen aus dir gehen läßt.
Doch dazu ist es notwendig zu sagen: Ja, all das gehört zu mir:
Die Traurigkeit, die Wut, das Gefühl, tot zu sein und das Gefühl
der Unfreiheit. Nimm es an, und in dem Moment können sich
dein Körper und deine Seele befreien. Sie können sich vereini-
gen und dich in Gefühl der Ganzheit führen.

Vielleicht magst du dich einmal nackt vor den Spiegel stellen
und deinen Körper betrachten. Und beginne dich zu verbinden
mit der Quelle reinster Liebe und dich mit diesen Augen zu be-
trachten, mit den Augen der Liebe, mit den Augen der Vollkom-
menheit, wie immer auch dein Körper aussehen mag. Du
kannst deinen Körper berühren, deinen ganzen Körper strei-
cheln und ihm all deine Liebe geben, die du empfindest. Gera-
de, wenn es dir schwer fällt, dich und deinen Körper zu lieben,
begib dich auf den Weg. Und immer wieder einmal räume dir
Zeit ein, deinen Körper zu streicheln, deine Haut zu fühlen und
dich im Spiegel zu betrachten. Nimm wahr, was dein Körper
liebt und was deinem Körper gut tut, wie er sich wohlfühlt. Er-
wecke all deine Zellen zum Leben. Sie werden lebendig, wenn
du ihnen Liebe gibst, wenn sie sich angenommen fühlen. Er-
wecke deinen Körper zum Leben. Erwecke deinen Körper in
Liebe. Und irgendwann, wenn du deinen Körper so liebst, wie
er, auch wenn er überhaupt nicht so ist, deinem Ideal entspricht
- dann wird sich dein Körper immer mehr formen, so wie du dich
wohl fühlst, wie er dir entspricht und wie du dich glücklich fühlst.

Es ist deine Aufgabe, dich zu entscheiden,
deinen Körper zu lieben.

Es ist deine Aufgabe, für ihn zu sorgen,
ihn zu umsorgen, wie eine Mutter ihr Kind.
Es ist deine Aufgabe, ihn zu pflegen,
ihm Bewegung und Luft zu geben,
damit er sich glücklich fühlen und sich entfalten kann.

Doch letztendlich bist es du und deine Seele, die sich mit ihm entfalten. Die innere Reise, die innere Entwicklung eines Menschen ist auch an seinem Körper zu sehen. Es ist sichtbar, wie angenommen und geliebt du dich in deinem Körper fühlst. Es ist sichtbar, wo Blockaden liegen, unverarbeitete Gefühle, Ärger und Wut. All das manifestiert sich in deinem Körper.
Und es ist in Ordnung, wenn es so ist. Doch wenn du versuchst, immer anders zu sein als du bist in diesem Moment, dann werden sich immer mehr Ärger, immer mehr Wut und immer mehr Kampf in dir entwickeln. Selbst wenn du spürst, daß dein Körper und deine momentane Entwicklung nicht deiner Seele und dir selbst entsprechen, so nimm an, daß das der Punkt ist, an dem du dich jetzt befindest. Auch wenn er unvollkommen ist und wenn du weit entfernt bist von dem, was du wirklich bist und wie du dich wirklich leben willst. Dann akzeptiere, daß du zu diesem Zeitpunkt noch weit von dir entfernt bist. Das ist vollkommen in Ordnung.
Vertraue darauf, daß du dich weiterentwickeln wirst und du, wenn es dein Ziel und dein Wunsch ist, zu dir zurückkehren kannst. Deiner inneren Entwicklung entsprechend, wird sich die Form, die Struktur deines Körpers, verändern.

Es gibt viele Menschen, deren Körper sich verändert, ohne daß sie weniger essen, und die abnehmen, weil der Körper sich von Lasten befreit, von denen sich ihr Inneres schon gelöst hat. So gibt es eine Entsprechung, beides ist untrennbar miteinander verbunden. Es gibt so viele Formen von Energien, die jeder Körper widerspiegelt. Und so gibt es zum Beispiel Menschen, die einen kräftigen Körper brauchen, um sich zu erden und ihre Energie am Boden zu halten. Und dann gibt es Menschen, die einen kräftigen Körper brauchen, um sich zu schützen. Und der Körper ist vielleicht so lange kräftig, bis sie gelernt haben, sich selbst zu schützen, ohne daß der Körper unbewußt diese Funktion übernehmen muß.

Es gibt so vielfältige Formen und Ausdrucksweisen, Veränderungen und Prozesse, die euer Körper durchmacht. Mit der Entwicklung eures Selbst wird sich euer Körper Schritt für Schritt verändern. Euer Körper ist Ausdruck eurer eigenen Schwingung, euer Körper ist Ausdruck eurer Durchlässigkeit und eurer Verfestigung. In ihm sind all eure Geschichten gespeichert, in den Zellen und in der Muskulatur.

Dein Körper kann sich an all das, an das du dich nicht mehr erinnern kannst, erinnern, denn er hat auf diese Situationen reagiert, indem er bestimmte Impulse erhalten hat. Und wenn du beginnst, mit deinen Gefühlen, mit deinen Schatten und mit all dem, was in dir an belastenden Erfahrungen existiert, aufzuräumen, dir klar zu werden und viele abgespaltene Anteile in dir zu integrieren, werden sich dein Körper und seine Strukturen Schritt für Schritt verändern.
Je mehr Licht, je mehr freie unbelastete Energie du in dich einströmen läßt, umso mehr wird sich dein Körper reinigen, wird deine Zellstruktur sich verändern.
Oft ist dies mit Prozessen verbunden, die auf einer körperlichen Ebene sehr intensiv sein können. Es können Schmerzen sein oder Reinigungsprozesse in Form von Fieber, von Magen-Darm-problemen, Kopfschmerzen, Gliederschmerzen in allen Bereichen deines Körpers.
Wenn du ein Problem gelöst, eine Energie in dir befreit hast, reagiert dein Körper darauf. Auch er befreit sich. Es dauert nur länger, bis die Reinigung auch in deinem Körper vollzogen ist. Die Veränderungen beginnen auf den feinstofflichen Ebenen und verdichten sich mehr und mehr. Dort reagiert und geschieht alles in einer viel, viel höheren Geschwindigkeit als in deinem Körper. Dein Körper ist verdichtet, ist dichter als die Energie in

feinstofflichen Bereichen, und so werden Prozesse, die du innerlich machst, sich nach einer gewissen Zeit auch in deinem Körper zeigen. Es ist alles eins. Alles hängt untrennbar miteinander zusammen. Und oft bieten diese kurzen Reinigungsprozesse dem Körper eine Möglichkeit, dich zu befreien und deine Zellen mit neuen Informationen zu füllen. So ist es auch, wenn du positive Erfahrungen gemacht hast, die dein Körper noch gar nicht kennt. Sie wirken auch auf deinen Körper, der sie speichert. Und wenn die „positiven" Erfahrungen zunehmen, muß dein Körper sich von den alten „negativen Erfahrungen" Stück für Stück lösen. Das passiert oft in Form von Fieber oder von Magen-Darm-Erkrankungen wie Durchfall und Erbrechen. All das sind Prozesse der Reinigung. Es ist alles untrennbar miteinander verbunden. Egal, wo du ansetzt, es wirkt in alle Bereiche.

Dein Körper mag sich für dich oft begrenzt anfühlen und dir die Grenzen deiner körperlichen Existenz bewußt machen. Wie oft gibt es eine Sehnsucht in dir, all diese Grenzen zu sprengen, frei zu sein, zurückzukehren dorthin, wo du herkommst und wo es diese Grenzen nicht gibt. All diese Wünsche, die Sehnsüchte existieren in dir. Doch jetzt gilt es, die Herausforderung anzunehmen, in der Begrenzung, in einem Körper zu leben.

In dem Moment, in dem du die Begrenzung annimmst, da du all das annimmst, was dir dein Körper ermöglicht, und auch all das annimmst, was dir dein Körper nicht ermöglicht, trittst du aus der Begrenzung des Körpers hinaus und nimmst wahr, daß du mehr bist als dein Körper, daß du unendlich frei bist und überall existierst. Die Energie der Liebe läßt dich die Begrenzungen deines Körpers überbrücken, die Energie der Liebe läßt deinen Körper so sein wie er in diesem Moment ist.

Es ist so wichtig, daß du dich annimmst, so wie du gerade bist in diesem Moment, nicht morgen, nicht gestern und nicht übermorgen. Alles ist, wie es ist, vollkommen, genau in diesem Moment. Beginne nicht erst morgen, deinen Körper zu lieben, und beginne nicht erst morgen, dich zu freuen und neugierig zu sein auf die Erfahrungen, die du als Mensch machen kannst, die so unendlich vielfältig sind. Sei neugierig, welche Gefühle und welche Er-

fahrungen dir dein Körper jeden Tag aufs Neue ermöglicht.
Schau einmal, was für wunderbare Erfahrungen du schon in
deinem Körper machen konntest. Erinnere dich an sie und sei
offen für Wünsche, die dein Körper jetzt hat und nicht erst ir-
gendwann einmal.
Was tut deinem Körper gut? Was möchte er tun? Was ge-
nießen? Und wie kann er dir Freude bringen? In welche Klei-
dung magst du ihn hüllen, in welche Farben, in welche Materia-
lien? Was liebt er? Womit fühlst du dich wohl? Welche Gerüche
mag er erleben? Von wem mag er berührt werden? Und wo will
er berührt werden? Was mag dein Körper? Beginne, ihm zu-
zuhören. Beginne, seine Geschichte zu hören.

Du kannst auch einmal deinen Körper erzählen lassen, wie es
ihm geht, was er dir sagen möchte, so als würdest du einem an-
deren Menschen zuhören. Beginne, laut zu sprechen. Du
kannst es auch auf Tonband aufnehmen oder wie eine innere
Zwiesprache. Laß ihn in der Ich - Form erzählen:
„Ich bin dein Körper und ich fühle mich mit dir so und so und so.
Ich bin dein Körper und möchte dir folgende Nachricht geben."
Gehe in einen inneren Dialog mit deinem Körper, mit seinen
Wünschen, mit seinen Erlebnissen und seinen Traurigkeiten,
mit all seinen Gefühlen der Verzweiflung, der Freude und des
Glücks. Und erkenne, du bist auch dein Körper: Er ist nicht ge-
trennt von dir. Er gehört zu dir, und er ist dein Gefäß für diese
Erfahrung als Mensch für deine Seele, für deine Energie. Und
hättest du deinen Körper nicht, könntest du vieles nicht tun und
erfahren. Begegne deinem Körper in Anerkennung, in Liebe, in
Dankbarkeit und in Demut, daß er dich trägt und dich hält. Und
erkenne, daß er deine Liebe braucht, so wie du sie, daß er Pau-
sen braucht, daß er Herausforderungen braucht, daß er Leben
braucht. Sei dir bewußt, wie wertvoll er für dich ist.

Vieles ist für euch so selbstverständlich, und es ist nicht selbstverständlich. Meistens wird euch erst bewußt, wie wertvoll euer
Körper ist, wenn er nicht mehr so funktioniert, wie ihr es von ihm

erwartet. Dann werdet ihr ungeduldig, genervt und wütend, denn ihr denkt, daß er doch funktionieren muß. Euer Körper ist ein Instrument manifestierter Liebe, wenn ihr ihn als solchen anerkennt.

Ist er nicht vielfältig, euer Körper in all seinen Formen und Möglichkeiten des Ausdrucks? Ist er nicht einzigartig und individuell, nicht unglaublich schön und vollkommen?

Öffnet eure Augen für die Vollkommenheit eures Körpers und öffnet euer Herz für die Liebe, die ihr durch euren Körper fließen lassen könnt. Öffnet euer Herz für die Liebe, die in eurem Körper existiert, in eurem Wesen und in eurer Seele. Und seht, alles gehört zusammen. Nichts, was auf eurer Erde existiert, gilt es wirklich zu bekämpfen. Es gilt, alles in Liebe anzunehmen. Es gilt anzunehmen, daß ihr wütend seid. Es gilt anzunehmen, daß ihr Menschen seid. Es gilt anzunehmen, daß ihr in euren Augen manchmal nicht perfekt seid.

Euren Körper annehmen und lieben lernen, ist ein ganz, ganz wichtiger Aspekt auf eurem Weg zur Erleuchtung, auf eurem Weg der Heimkehr zu Gott.

Und eure Vorstellung heimzukehren, erleuchtet zu sein oder wie immer ihr es nennen wollt, - also in das Einsein zurückzukehren - stimmt oft nicht mit dem überein, was für euch in eurer Erfahrung als Mensch an Heimkehr, an Rückkehr, an Einssein möglich ist.

Ich möchte euch einmal erzählen, wie ein Leben im Gewahrsein des göttlichen Bewußtseins oder der Erleuchtung, wie es von einigen von euch bezeichnet wird, auf eurer Erde möglich ist.
Ihr habt die Vorstellung, euch komplett aufzulösen, ein andersartiges Leben zu führen. Viele von euch werden mehr und mehr erleuchtet werden. Es gibt auch einige von euch, die sich be-

reits an diesem Punkt befinden, ohne es vielleicht bewußt zu wissen, weil eure Vorstellungen von dem, was Erleuchtung heißt, völlig anders sind als das, was wirklich ist. Eure Vorstellungen darüber gehen von eurem Menschsein und den Erfahrungen in eurem Körper weg, und genau das Gegenteil ist der Fall. Wenn ihr euch befreit habt und erleuchtet seid, lebt ihr euer Leben als „normaler Mensch" weiter. Ihr seid bewußt, was eure Aufgabe ist. Ihr seid bewußt, wo euer Weg hingeht, und ihr habt euch von den gröbsten Belastungen eures Lebens befreit. Und trotzdem werdet ihr traurig sein, werdet ihr wütend sein, werdet ihr euch immer wieder einmal unvollkommen fühlen. All dies wird sich niemals auflösen, und das ist auch nicht der Weg zur Erleuchtung. Es gilt, eure Gefühle anzunehmen und euer Menschsein zu lieben. Und es gilt, in seiner vollsten Konsequenz anzuerkennen, daß ihr in eurem Körper lebt und daß ihr eure Aufgaben tagtäglich zu erledigen und eure.Begrenzungen anzunehmen habt.

Immer wieder einmal werdet ihr euch unzulänglich und unvollkommen fühlen. Und wenn ihr das in Liebe annehmt und seht, daß ihr euch traurig fühlt, etwas nicht richtig gemacht habt, das Gefühl habt, nicht vollkommen zu sein - dann erlaubt sie euch, diese Gefühle, und laßt sie zu, heute und morgen, denn es ist ein Teil eures Menschseins. Und wenn ihr dem nicht weiter Gewicht gebt und seht, daß ihr in diesem Moment als Mensch lebt, mit all den Begrenzungen, und diese annehmt, dann laßt sie zu, ohne dagegen zu kämpfen. Dann seid ihr frei. Dann lebt ihr in Liebe und Gewahrsein eures Menschseins.

Immer mehr Menschen werden ganz selbstverständlich in ihrem Alltag leben und ein Stück höheren Bewußtseins und Erleuchtung erreicht haben, und trotzdem wie „normale Menschen" sein. Manchmal sind sie sich dessen gar nicht bewußt und haben immer wieder einmal Angst und immer wieder einmal Zweifel. Sie stehen mit beiden Füßen auf der Erde und sind sich dennoch bewußt, daß sie göttliche Wesen sind und geistig viel weiter als ihre Erfahrungen in ihrem Körper.

Wenn ihr aus eurem Körper herrausstrebt, werdet ihr nie an einen Punkt des Angekommenseins und des Friedens gelangen. Die höheren Bereiche eröffnen sich erst, wenn ihr euer Leben konkret annehmt und konkret euer Leben lebt, wenn ihr eure Aufgabe annehmt und euer Leben lieben lernt. Dann öffnen sich automatisch ganz neue Bereiche. Wendet euch dem Leben und der Liebe zu!

Es ist oft eine große Versuchung für Menschen, die spirituell auf der Suche sind, sich von der Erde wegzubewegen und dadurch Schmerz und Erfahrungen in der Dualität zu vermeiden. Seht eure Aufgabe darin, Liebende des Menschseins zu werden. Lernt, eure Aufgabe zu lieben, euer Menschsein in ganz konkreten Situationen zu meistern und das Göttliche und das Vollkommene in dem Alltäglichen zu sehen. Geht mit eurer Seele, mit eurer Aufmerksamkeit ganz in euren Körper hinein. Stellt euch vor, wie eure gesamte Energie durch euer Kronenchakra eintritt und wie durch einen Sog, wie durch einen Kanal, durch alle Chakren nach unten bis zu eurem Wurzelchakra hindurchfließt, so daß eure Energie in eurem Wurzelchakra verankert ist und nicht in den oberen Chakren oder außerhalb eures Körpers schwebt. Nehmt eure Energie ganz in euren Körper hinein, in jede Zelle, in jeden Muskel, in jede Faser eures Seins.
Kommt an auf der Erde. Kommt an in eurem Körper und begreift, wie wichtig es ist, auf der Erde zu leben und euch nicht in höhere Ansprüche, in höhere Ideale zu verflüchtigen. Seid sanft und gütig mit euch. Seid sanft und gütig, wenn ihr eure Beschränkungen seht. All die Strenge, all die Erwartungen und all der Ehrgeiz nach einer perfekten Form, die ihr möglicherweise immer haben werdet - all dies füllt mit Liebe, aber gebt diesen Energien nicht eure ganze Kraft.
Glaubt den Stimmen nicht, die da sagen, daß euer Weg perfekt ohne menschliche Fehler zu sein habe und ihr euch nur noch in höheren Dimensionen zu bewegen hättet. Das ist nicht euer Weg. Euer Weg, vor allen Dingen in der westlichen Welt, ist nicht, euch aus dem Leben auf der Erde hinauszubewegen. Es

ist der Weg, in euer Leben hineinzugehen und dort Liebe und Güte und göttliche Energie zu manifestieren!

Liebt euch, auch wenn ihr eifersüchtig seid.
Liebt euch, auch wenn ihr wütend seid.
Liebt euch, auch wenn ihr das Gefühl habt,
nicht gut genug zu sein und nicht euren und
den Ansprüchen anderer zu genügen.

Ihr müßt nicht im geringsten über allen diesen Gefühlen stehen. Es gilt, euch nicht mit euren Gefühlen komplett zu identifizieren, auch wenn ihr es immer wieder einmal tut. Das ist euer Weg zur Erleuchtung - eure Energie, die Energie eurer Seele, in eurem Körper zu verankern und sie im Menschlichen, im Alltäglichen auszudrücken. Und nichts ist so wichtig, wie all diese Unzulänglichkeiten und all diese Erfahrungen in eurem Körper, all diese Erfahrungen in der Dualität zu lieben.

Es ist euer Weg, Licht in euch und euren Körper zu lassen. Die Liebe, die in eurem Herzen entspringt und die ihr durch euren ganzen Körper strömen lassen könnt, löst alles auf, befreit euch von allem, befreit euch von all euren Beschränkungen.
Und um diese Liebe fühlen und leben zu können, müßt ihr nicht euren Körper verlassen. Im Gegenteil, wenn ihr eure geistigen Führer und Lehrer und Quellen der bedingungslosen Liebe zu euch ruft und euch öffnet, könnt ihr sie in allen kleinen Dingen des Lebens manifestieren.

Und um diese Liebe auf der Erde zu manifestieren, mußt du deinen Körper lieben, denn dein Körper ist das Vehikel, dein Körper ist der Kanal zwischen deiner Seele, der Welt der Feinstofflichkeit und der Liebe, und der Erde. Mit deinem Körper kannst du eine Verbindung herstellen. Dein Körper ist wirklich ein Kanal. Dein Körper ist eine Brücke zwischen der geistigen und der irdischen Welt. Dein Körper ist eine Brücke, eine Ausdrucksform der Liebe, wenn du ihn als solchen erkennst, als solchen annimmst und ihn als solchen lieben lernst, unabhängig davon, wie er aussieht und wie er mit euren gesellschaftlichen Augen als schön oder nicht schön bewertet wird. Völlig egal, dein Körper ist so, wie er ist. Und wenn er dick ist und wenn er dir unansehlich erscheint, beginne ihn zu lieben, beginne ihn anzunehmen mit dem, was er für dich bedeutet, als die Hilfe, die er für dich sein kann.

Dein Körper ist auf dem Weg der Erleuchtung, auf dem Weg der Heimkehr, ein ganz, ganz wichtiger Faktor, den du oft unterschätzt. Auch dein Körper ermöglicht dir diese menschlichen Erfahrungen, und dein Körper, wenn du ihn liebst, lehrt dich, auch diese menschlichen Erfahrungen zu lieben so, wie sie sind.

Es gibt niemanden auf der Erde, der nach euren menschlichen Vorstellungen perfekt ist, und er muß es auch nicht sein, denn auf einer anderen Ebene ist alles vollkommen so, wie es ist, und dort seid auch ihr vollkommen.
Ihr werdet nicht vollkommen werden, wenn ihr glaubt, das würde bedeuten, über den menschlichen Dingen zu stehen. Wenn es eure Aufgabe wäre, über den menschlichen Dingen zu stehen und euch mit nichts Menschlichem zu identifizieren, dann würdet ihr nicht in eurem menschlichen Körper leben. Es ist genau die Erfahrung, die ihr gewählt habt, nämlich diese Begrenzungen zu leben, sie in Liebe anzunehmen und euch auch dann zu akzeptieren, wenn ihr euch nicht lieben könnt. Sein Menschsein zu lieben bedeutet auch, Begrenzungen lieben zu lernen, die sich in dem Moment, da ihr sie liebt, auflösen.
Der Weg der Erleuchtung bedeutet nicht, frei zu sein von allem Menschlichen. Euer Bewußtsein kann stark erweitert sein, und trotzdem seid ihr in manchen Momenten gefangen, und trotzdem erlebt ihr Momente, in denen ihr nicht bewußt verbunden seid mit dem göttlichen Bewußtsein und der allmächtigen Liebe. Und auch das ist in Ordnung.

In dieser Zeit werden sich mehr und mehr Menschen von ihren groben Belastungen, von ihren alten Mustern lösen, frei werden und zum Teil Erleuchtung erlangen, und trotzdem werden sie ganz „normal" weiterleben wie jeder andere Mensch auch. Viele von euch sind auf diesem Weg. Es ist unglaublich wichtig, daß ihr euch von euren abgehobenen Vorstellungen von Erleuchtung, von eurer Heimkehr zu Gott und von einer hohen spirituellen Entwicklung befreit, sie überdenkt und tief in euch begreift, daß der Weg aus dem Körper nicht der Weg zur Erleuchtung ist. Erleuchtung bedeutet, daß ihr die spirituelle, die göttliche Kraft in euch einfließen laßt und sie konkret im Menschsein verwirklicht. Es gilt nicht nur, daß ihr aus eurem Körper austretet und irgendwohin geht auf Wanderschaft. Es geht darum, die göttliche Kraft in euch zu integrieren, in euch leben zu lassen. Und natürlich kann es manchmal wichtig und notwendig sein, daß eure Seele auf Reisen geht und euren Körper verläßt, um euch zu bereichern, um euch zu erweitern in anderen Dimensionen. Doch das Ziel ist es, diese Energien und diese Erfahrungen in euren Körper zu bringen und sie in euer Leben zu integrieren.

Und das bedeutet immer noch, ein „normaler Mensch" zu sein und eurer Aufgabe nachzugehen. Irgendwann einmal kommt ihr an einen Punkt, an dem ihr merkt, welche eure Aufgabe ist, was ihr zu tun habt. Dann geht ihr keine Umwege mehr und fühlt unmittelbar, was ihr zu tun habt. Dann überhört ihr nicht mehr aus euren alten Mustern heraus die wichtigen Botschaften. Ihr geht dann euren Weg, weil ihr wißt, was ihr zu tun habt, und die göttlichen Energie und die Botschaften aus höherer Sicht strömen in euren Körper ein, oft auch, ohne daß ihr es bewußt wahrnehmt. Ihr handelt danach und seid frei.

Eure alten Beschränkungen und alten Muster halten euch nicht mehr davon ab, das zu tun, was ihr wirklich tun müßt, und das zu leben, was ihr wirklich leben wollt. Und selbst dann wird es immer wieder Zweifel und Ängste geben, und letztendlich seid ihr an dem Punkt, euren Weg zu gehen, die Ängste und die

Zweifel zur Seite zu stellen und zu wissen, was ihr zu tun habt und eure ganze Energie in das zu geben, was ihr tut.

Euer Körper reinigt sich entsprechend, wie eure Belastungen der Erfahrungen aus vergangenen Leben und der Kindheit weniger wichtig werden und sich auflösen. Ebenso wie sich eure Seele, euer Bewußtsein und eure Emotionen von diesen Erfahrungen befreien, wird sich euer Körper befreien. Er wird klarer und reiner werden für lichtvolle Informationen, für Informationen aus höherem Bewußtsein, und offen und frei für die Energie der bedingungslosen Liebe. Und dennoch werdet ihr immer wieder Auseinandersetzungen mit anderen Menschen haben, an Grenzen stoßen und vielleicht traurig sein. Jedoch das Bewußtsein und das Gewahrsein, euren Weg zu verfolgen und zu wissen, wo euer Weg hingeht und was ihr zu tun habt, wird immer präsent sein, und eure Entscheidung, eure Aufgabe zu erfüllen und die göttliche Kraft immer wieder in euch einfließen zu lassen und euch ihrer bewußt zu sein, wird über allem stehen. Es wird euch die menschlichen Dinge leben lassen. Die menschlichen Belange werden immer da sein, sie werden weniger und sich verändern, aber ihr könnt euch nicht vollständig aus ihnen erheben. Es ist auch nicht eure Aufgabe. Eure Aufgabe ist es, euren Weg zu gehen und eure Ziele und euer Tun in Übereinstimmung mit der göttlichen Kraft zu leben, und um eurer inneren Stimme und der göttlichen Energie zu lauschen, müßt ihr euren Körper pflegen, müßt ihr ihn lieben, denn er ist der Mittler, der euch all diese Energien auf der Erde leben läßt. Also öffnet euch mehr und mehr eurem Körper und nehmt ihn so an, wie er ist in diesem Moment. Euer Körper ist ein Teil eures Selbst. Und wenn ihr euren Körper nicht liebt, könnt ihr euch selbst nicht lieben und letztendlich auch die geistigen Welten und die göttliche Kraft nicht.

Euer Körper ist ein Teil göttlichen Ausdrucks. Euer Körper ist von göttlicher Kraft und göttlicher Energie und durch die göttliche Energie erschaffen worden. Euer Körper ist vollkommen, und wenn ihr die Vollkommenheit und die göttliche Energie in eurem Körper nicht sehen könnt, dann öffnet ihr euch auch nicht für einen Aspekt göttlicher Energie. In der göttlichen Energie ist alles vereint. In der göttlichen Energie ist alles geliebt und alles so, wie es ist, in Ordnung.

Ihr Menschen, ihr trefft einfach Entscheidungen, was göttlich ist und was nicht. Aber es ist nicht eure Macht und nicht eure Verantwortung und eure Autorität, das beurteilen zu können. Letztendlich ist das Arroganz, es ist fehlende Demut und fehlende Dankbarkeit. Es ist mangelndes Bewußtsein, daß die göttliche Energie in allem steckt und auch in eurem Körper. Euer Körper ermöglicht euch die ganze Welt menschlicher Gefühle und menschlicher Erfahrungen, und das ist unglaublich wunderbar und göttlich. Daß ihr diesen Körper habt und diese Erfahrung machen könnt, ist keine Strafe.

Also, wenn du deinen Körper betrachtest und mit deinem Körper umgehst, verändere deinen Blickwinkel und gehe in eine Energie der Demut und Dankbarkeit. Öffne dich für eine neue Erfahrung. Öffne dich dafür, das Göttliche in und an deinem Körper wahrzunehmen. Öffne dich dafür, das Göttliche in all dem Unvollkommenen und in all den menschlichen Unzulänglichkeiten sehen zu dürfen. Wenn du willst, wirst du es finden. Dein Körper ist ein Kanal, ist dein Kanal, das Licht und die Liebe auf Erden zu manifestieren. Dein Körper ist dein Kanal und dein Werkzeug auf deinem Weg zur Erleuchtung. Dein Weg erfüllt sich mit deinem Körper und durch deinen Körper.

Vergiß niemals die Wichtigkeit, die Vollkommenheit und die Göttlichkeit deines Körpers und deiner Erfahrungen in einem menschlichen Körper mit all den Gefühlen, die du in deinem Körper empfinden kannst. Erleuchtung ist auch die Liebe zu deinem Körper. Erleuchtung ist auch die Liebe zu deinem Menschsein, die Liebe zu den Unzulänglichkeiten und zu der Tatsache, daß du zu diesem Zeitpunkt ein ganz "normaler Mensch" bist. Eröffne dir die Welt des Körpers, die Welt des konkreten Menschseins, die Welt der menschlichen Gefühle und die Welt der Erleuchtung - und des Bewußtseins in der menschlichen Welt, in der menschlichen Existenz. Und die Energie der Erleuchtung führt letztendlich nicht nur aus deinem Körper heraus. Die Energie der Erleuchtung führt über deinen Körper hinaus, durch deinen Körper hindurch in die Erde. Die Energie des Erleuchtetseins ist die Verbindung zwischen Himmel und Erde, ist das Gewahrsein des Göttlichen in allem, was existiert auf Erden.

Mögen sich Liebe und Erleuchtung auf Erden manifestieren.
Mögen sich Liebe und Erleuchtung
in den Menschen manifestieren.
Mögen sich Liebe und Erleuchtung
in deinem Alltag manifestieren.
Und möge sich manifestieren, daß die Erleuchtung nicht
jenseits von dir liegt, jenseits von deiner Welt.

Möge sich manifestiern, daß die Erleuchtung in deinem konkreten Leben lebt und in all dem, was ist, und in all dem, was du nicht haben möchtest. Auch darin liegt deine Erleuchtung.

Der Weg der Erleuchtung ist für jeden zu gehen. Der Weg der Erleuchtung führt durch deinen Körper. Der Weg der Erleuchtung ist nicht weit von dir entfernt. Der Weg der Erleuchtung liegt in dir. Und du, der du dieses Buch liest, du bist auf dem Weg der Erleuchtung. Und ein Aspekt von dir ist schon immer erleuchtet, du mußt dich nur an ihn erinnern.

Verändere dein Bild von Erleuchtung:

Glaube mir, der Weg der Erleuchtung
liegt auch im Lieben der Menschlichkeit.
Der Weg der Erleuchtung liegt im Lieben dessen,
der du bist in diesem Moment, nicht weiter entwickelt,
nicht höherstehend, nicht perfekt, so wie du bist,
in diesem Moment.

*Und der Weg der Erleuchtung liegt in der Entscheidung,
sich der göttlichen Kraft zu öffnen und das Göttliche
im Alltäglichen zu lieben.*

*Selbst wenn es dir immer wieder einmal verlorengeht, stelle die
Entscheidung, durch die göttliche Kraft geführt zu werden und
in die göttliche Kraft zu vertrauen, was immer auch sein mag,
über deine menschlichen Unzulänglichkeiten, die jeden Tag
sein dürfen. Die Kraft, die in der Entscheidung liegt, der göttlichen Energie dienen zu wollen und den Weg des Lichts und der
Liebe zu gehen, steht über allem. Und alles, was du nicht für
Liebe hältst, ist genauso göttlich wie das, was du glaubst, was
über allem steht und wonach du streben willst.*

*Schaffe eine Verbindung zwischen Himmel und Erde in dir und
in deinem Herzen in der Energie der Liebe. Die Energie der Liebe führt dich überall hin. Die Energie der Liebe führt dich nicht
aus dem Menschsein heraus, sie führt dich in das Menschsein
hinein in dem Gewahrsein der göttlichen Liebe, der göttlichen
Kraft, des Lichts und der Erleuchtung.*

Meine Erleuchtung fand im ganz konkreten Leben statt. Es war
nichts Weltbewegendes, was passierte. Ich habe mein Leben
gelebt, meine damalige letzte Inkarnation, als normaler
Mensch, und dennoch war ich nicht normal. Ich habe die Liebe
in meinem Herzen getragen. Auch ich habe in der letzten Inkarnation vor meiner Erleuchtung und während meiner Erleuchtung Angst gehabt, Zweifel, und ich habe menschliche Fehler,
die keine Fehler sind, begangen, und trotzdem war ich der Liebe und des göttlichen Bewußtseins gewahr. Ich hatte mich befreit, und war trotzdem im Menschsein gefangen. Es war eine
sehr schöne Erfahrung für mich, Mensch zu sein und in der Bewußtheit zu leben, ein göttliches Wesen zu sein. Und mein
Punkt der Erleuchtung trat in dem Moment ein, als ich begriff,
daß ich mich nicht von der Erde lösen muß, um frei zu sein. Ich
begriff, fühlte, erkannte, daß ich, um frei zu sein, mich als

Mensch auf der Erde bewegen muß. In dem Moment war ich frei, die göttliche Liebe uneingeschränkt zu fühlen. Es gab nicht mehr diese Trennung zwischen Besser und Schlechter und sich irgendwo hinzuwünschen, wo man nicht ist.

Ich war frei, und ich war mir bewußt, daß ich dort bin, wo ich in diesem Augenblick hingehöre, und gleichzeitig woanders existiere. Ich war frei zu fühlen, daß es gleichgültig ist, ob ich mich auf der Erde oder woanders befinde, ob ich in einem Körper bin oder körperlos, ob ich mich nur als reine Energie im Universum finde, oder mit den Unzulänglichkeiten und den Begrenzungen eines Menschens. Es macht keinen Unterschied. Alles ist göttlich, und alles ist frei. Alles ist ein Ausdruck göttlicher Energie. Es ist austauschbar, und es ist eins. Und obwohl ich dieses Bewußtsein hatte und in diesem Sein von Liebe und Erleuchtung war, gab es immer wieder Momente in denen ich Angst hatte, an denen ich kämpfte und mich klein fühlte, und trotzdem war ich befreit.

Vielleicht ist es eine Hilfe für euch, zu erkennen, daß euer Weg nach Hause nicht von euch wegführt. Euer Weg nach Hause führt in euch, führt in diese Situation, in der ihr seid - im betreffenden Augenblick. Euer Weg führt in die Energie der Liebe, euer Weg führt in euch selbst zurück. Euer Weg geht nach innen zu der Bewußtheit, wer ihr seid und von dort nach außen ins Leben und in die Manifestation.

Alles, was außen existiert, sind Übertragungen deiner Wahrnehmung. Alles, was existiert, ist in dir, und ist göttlich und vollkommen. Wo willst du dich hinbewegen, wo willst du hinstreben, wenn alles in dir ist? Dann kannst du nicht mehr in den Himmel streben und auf die Erde streben oder zu irgendeinem Ziel, denn du begreifst: Alles vereinigt sich in dir, und alles ist bereits vorhanden. Nichts ist besser, nichts ist schlechter. Alles existiert in Liebe in dir und ist im ganzen Universum vereint.
Liebe deinen Körper und alles, was um dich herum existiert.
Liebe dein Leben, deinen Partner, deine Arbeit und alles, was ist.

All die Aspekte, die du in dir und deinem Leben lieben lernst, werden erleuchtet sein, erleuchtet durch die Liebe deines Herzens, erleuchtet durch die Kraft deines Herzens.

Liebe deinen Körper, so wie du dich liebst.
Liebe deinen Körper, so wie du die göttliche Kraft und die göttliche Essenz in dir liebst.
Liebe deinen Körper.
Liebe. Liebe. Liebe.

Deine Lebensaufgabe

Ich möchte mit euch über eure Lebensaufgabe sprechen. Ich möchte mit euch über die Entscheidung sprechen, die ihr getroffen habt, bevor ihr auf die Erde kamt - die Entscheidung, welche Ausrichtung ihr für euer Leben wählt, wenn ihr in einen menschlichen Körper inkarniert.

Es ist nicht so, daß ihr lebt, einfach nur um zu leben. Eure Inkarnation hat einen Sinn und ein Ziel, das ihr euch gesetzt habt, das ihr gewählt habt, bevor ihr auf die Erde kamt.
Natürlich ist ein Sinn des Lebens einfach nur der, zu leben, das Leben zu leben; und dennoch hat es einen tieferen Sinn, eine klare Ausrichtung, eine Zielsetzung, an die ihr euch oft nicht mehr erinnern könnt. Es ist eine wichtige Aufgabe für euch, euch wieder daran zu erinnern und das, was ihr als Aufgabe auf Erden wähltet, anzunehmen. Eure Lebensaufgaben beinhalten keine hochtrabenden Ziele. Sie sind nicht glamourös, und sind es doch. In vielen von euch existieren der Glaube und die Vorstellung einer Lebensaufgabe als etwas ganz, ganz Großes und ganz, ganz Wichtiges und ganz Einmaliges.

Das ist der Fall, aber anders, als sich viele von euch vorstellen. Eure Lebensaufgaben sind nicht abgehoben und existieren nicht außerhalb von euch. Eure Lebensaufgaben entwickeln sich im konkreten Tun und in den Fähigkeiten, die ihr mitbrachtet, als ihr auf die Erde kamt, und die Fähigkeiten, die ihr in eurem Leben entwickelt habt. Es ist nichts von euch Getrenntes, und es ist nicht eine Art neues Leben, in das ihr hineinspringen müßt. Alle Grundlagen sind gelegt. Einige Fähigkeiten brachtet ihr mit und einige Fähigkeiten habt ihr in diesem Leben entwickelt, um eure Aufgabe zu erfüllen.

Es ist wichtig zu erkennen: Welches sind deine Fähigkeiten? Wohin geht deine Lust? Wo liegen deine Freude und deine Liebe? Was tust du gerne, was erschaffst du gerne? Worin gehst du auf? Wo können dein Herz und deine Freude sich entfalten?

Deine Lebensaufgabe ist ganz, ganz einfach zu finden, wenn du deinen Blickwinkel nach innen richtest, wenn du dein Ohr für deine innere Stimme öffnest. Es wird niemand von außen kommen, der dir sagt, daß du dieses oder jenes zu tun hast. Es gibt auch niemanden von außen, der dir wirklich sagt, daß du dieses oder jenes nicht zu tun hast, nicht kannst und nicht die Kraft dazu hast. All das ist deine Entscheidung. Es ist deine Entscheidung, herauszufinden, „was will ich tun, was ist die Vision meines Lebens? Welche Wünsche, welche Ziele in ganz konkreten Leben möchte ich mir erfüllen?"

Du brauchst dich dazu nicht großartig zu irgend etwas zwingen, nicht in eine Rolle schlüpfen, die dir nicht liegt und die dir fremd ist. Deine Lebensaufgabe liegt ganz nah und unmittelbar in dir. Du bist ausgerüstet mit all den Fähigkeiten, mit all den Qualitäten, die du brauchst, um sie zu erfüllen. Alles, was du gelernt hast, und alles, was du noch lernst, unterstützt dich dabei, deine Lebensaufgabe zu erfüllen.

Und nun fragst du dich vielleicht, was könnte meine Lebensaufgabe sein? Wie soll ich das jemals herausfinden? Es ist eine gute Frage, die du dir stellst, denn diese Frage ist sehr wichtig und sehr zentral in deinem Leben. Wie ich schon sagte, es ist wichtig, daß du dich deinen inneren Welten, deinen inneren Wünschen und inneren Begabungen öffnest, sie wertschätzt, sie siehst und fühlst. Wohin gehen meine Freude und meine Begeisterung, und wohin geht meine Liebe? Und oft ist es so, daß du Stück für Stück Einsicht erhältst auf dem Weg deiner Lebensaufgabe. Lebensaufgaben können auch untergeordnete Ziele haben, Zwischenschritte, Zwischenaufgaben und in verschiedene Aspekte aufgeteilt sein.

Und so wisse, wenn du dich auf die Suche nach deiner Lebensaufgabe machst, kannst du keine absolute Antwort, kein absolutes Ergebnis erwarten. In den meisten Fällen wirst du nicht gleich Einblick erhalten in deine Lebensaufgabe und die einzelnen Schritte bis zum Ende deines Lebens. In den meisten Fällen wirst du eine grobe Linie erkennen und die nächsten Schritte auf deinem Weg.

Den meisten Menschen werden weitere Blickwinkel verschlossen bleiben, weil es nicht notwendig ist, daß ihr mehr seht, sondern weil es nur wichtig ist, die Grundenergie eurer Lebensaufgabe zu fühlen und die nächsten Schritte zu bewältigen. Zuviel davon zu wissen und zuviel zu sehen kann euch verunsichern und hilft euch in den meisten Fällen nicht. Im Gegenteil, es führt dazu, daß ihr euch verzettelt und Bilder und Ängste entwickelt, die euch vielleicht daran hindern, die nächsten kleinen Schritte zu tun.

Also, wenn du in bezug auf deine Lebensaufgabe und die Suche danach nicht absolute Antworten, die bis zum Ende deines Lebens reichen, erhältst, dann sei nicht überrascht und enttäuscht. Du wirst genau die Informationen bekommen, die du in diesem Moment brauchst. Es wird ein Puzzlestein zum anderen kommen, und irgendwann ist dein Bild von dem, was du zu tun hast, von dem, was du erfüllen möchtest, vollständig. Jeder Mosaikstein, jeder Puzzlestein, ist wichtig und wertvoll, und es gilt dann, diesen und den nächsten Schritt zu tun in Übereinstimmung mit deiner göttlichen Führung, mit deiner göttlichen Aufgabe. Diesen und den nächsten Schritt kannst du immer finden, indem du dich auf die Suche machst, indem du betest und darum bittest, Antworten auf deine Fragen zu erhalten. Nur ist es wichtig, daß du die Antworten wertschätzt, daß du auch die kleinen Hinweise erkennst, und nicht voller Erwartung und falschem Perfektionismus auf etwas Großes, Großartiges wartest, sondern auf die kleinen Antworten, auf die Freude in dir und die Sehnsucht deines Herzens hörst. Diese Stimmen sind nicht immer laut, sie sind auch nicht immer spektakulär. Es sind kleine Hinweise, und dennoch groß und wichtig.
Es ist deine Bewertung, die etwas Großes in bezug auf deine Lebensaufgabe erwartet und die kleinen Antworten oft nicht zu schätzen weiß. Oder, daß du die Stimme hörst und nicht den Mut hast, ihr zu folgen. All das sind die nächsten wichtigen Punkte auf deinem Weg.
Deine Lebensaufgabe ist großartig, und sie ist einzigartig. Sie beginnt in den kleinen Schritten, die du zu tun hast, in deiner

Freude und deiner Begeisterung. Und es besteht die Möglichkeit, daß du sie verfehlst und nicht erkennst, wenn du zu weit von dir wegsteuerst, wenn du sie zu sehr im Außen erwartest. Höre in dich hinein, lausche der Stimme in dir, die dir sagt, was du zu tun hast, wenn du den Mut hast, dich zu befreien von deinen alten Mustern, von deinen alten Ängsten und Sorgen, die dich hindern, das zu tun und das zu leben, was du wirklich willst. Es ist wunderschön und es ist befreiend, wenn du weißt, was deine Aufgabe ist, wenn du weißt, was du zu tun hast und wenn du deiner göttlichen Führung vertraust. Viele Umwege, die du sonst gehst, fallen weg. Du kannst direkt deinen Weg gehen. Du fühlst dich zur richtigen Zeit am richtigen Platz und du weißt, was du zu tun hast.

Die Antworten auf deine Fragen werden beantwortet, wenn du geduldig bist und dich auf die Suche machst, wenn du vertraust, daß all das, was du erfährst und was zu dir kommt, seinen Sinn hat, und daß vielleicht auch in den Erfahrungen, von denen du glaubst, daß sie dir nicht dienen und die zu klein sind, um dir Antworten auf deine großen Fragen zu geben, Hilfe und Unterstützung liegen.

Auch hier sei demütig, erkenne, daß vieles, was du erwartest, und vieles, was du für großartig und richtig hältst, nicht der Weg ist, der dir wirklich dient und der für dich vorgesehen ist. Sei demütig und öffne dich für die Antworten, die dir gegeben werden, auch wenn sie deinen Erwartungen und Vorstellungen nicht entsprechen. Sei gewiß, wenn du diesen Hinweisen, und seien sie noch so klein und nichtig für dich, vertraust, wird sich hinterher etwas viel Größeres und viel Großartigeres ergeben, als du es dir jemals vorstellen könntest.

Deine Vorstellungen von dem, wie du „groß" wirst, wie du an deine Kraft kommst und wie du deine Lebensaufgabe findest und erfüllen kannst, sind oft so klein. Manche Dinge, die du nicht für möglich hältst, werden passieren, und manches, was du erwartest, wird sich nicht einstellen. Und wisse, wenn du der göttlichen Stimme und der göttlichen Kraft vertraust, wirst du den richtigen Weg gehen und wird sich das ergeben, was dir wirklich hilft und was dir wirklich dient. Du wirst glücklich sein, und du wirst erkennen, daß du vielleicht auch auf einem anderen Weg das gefunden hast, was du dir wirklich gewünscht hast.

Um deine Lebensaufgabe zu finden, solltest du demütig und dankbar sein und dich öffnen für das, was dir geschenkt wird, solltest du dich öffnen für das, was zu dir kommen will, und für das, was an Wertvollem, Großartigem und Einzigartigem in dir lebt.

Schaue einmal dein Leben an und erinnere dich an Situationen, in denen du glaubtest, ein bestimmter Weg, eine bestimmte Aufgabe wäre für dich richtig, und du all deine Energie in diese Ziele und in diese Aufgabe setztest und enttäuscht warst, als sie nicht eintraten. Die Geschehnisse hatten sich anders entwickelt, ganz anders, als du es dir vorstelltest, und dann wurde dir bewußt, daß dieser andere Weg, diese anderen Geschehnisse, dich genau zu dem geführt haben, was du dir letztendlich gewünscht hast - auf einem anderen Weg, anders, als du es dir vorgestellt und anders, als du es erwartet hast.

Und so geschieht es oft. Es gibt oft andere Wege als die, die du erwartest und die dich genauso an dein Ziel führen und letztendlich auch das Ergebnis größer sein lassen, als du es dir vorgestellt hast.

Also, um deine Lebensaufgabe zu finden, ist es wichtig, daß du vertraust, demütig bist und dich über jeden einzelnen Hinweis freust, den du erhältst. Es ist einerseits wichtig, dich dem göttlichen Willen zu öffnen, und gleichzeitig ist es wichtig, ganz konkret zu schauen, wo dein Herz hingeht, wo du dich glücklich fühlst und wie deine Träume aussehen - ganz realistisch. Und schau, was du dir wünschst und wo du dich selbst begrenzt, indem du vielleicht denkst: „Das kann ich niemals, davor habe ich große Angst."

Laß trotzdem all diese Gedanken, Wünsche und Träume zu.

Vielleicht ist es deine Aufgabe, zu dienen.
Vielleicht ist es deine Aufgabe, zu erfinden.

Vielleicht ist es deine Aufgabe, Kindern Leben zu schenken und ihnen einen guten Start ins Leben zu ermöglichen. Vielleicht ist es deine Aufgabe, eine Firma zu gründen und Menschen mit deinem Angebot zu versorgen. Vielleicht ist es deine Aufgabe, zu spielen, glücklich zu sein.

Es gibt so viele Möglichkeiten, wie der Sinn, wie die Aufgabe eures Lebens aussehen mag. Und manchmal mag euer Ziel sein, ein einziges karmisches Muster zu durchbrechen, und damit hat sich die Aufgabe eures Lebens erfüllt. Und ein anderes Mal mag es eure Aufgabe sein, einen Ausgleich für ein vergangenes Leben zu schaffen und diese Energie zu Ende zu führen. Es gibt unglaublich viele Möglichkeiten. Und die Chance, euch von euren alten Mustern, euch von euren alten Begrenzungen, die euch hindern, zu befreien und euch selbst und eure Aufgabe zu leben, ist besser denn je.

Du hast die Möglichkeit, dich zu befreien und dich dem zu widmen, dem sich deine Seele in diesem Leben hingeben möchte. Und sieh, eine Lebensaufgabe kann sein, dem Göttlichen zu dienen, ganz konkret, indem du einen Bäckerladen führst, deine Kunden gerne bei dir einkaufen, sie dein Brot genießen und den Kontakt zu dir lieben. Es gibt so vielfältige Formen, dem Göttlichen zu dienen. Es kann sein, daß es dein Glück ist, als Hausfrau deine Kinder zu erziehen, deinen Mann zu versorgen, mit Liebe seine Hemden zu bügeln; daß du es liebst, zu kochen und mit deinen Kindern Schulaufgaben zu machen - daß darin die Liebe und die Erfüllung deines Herzens liegt. Oder du hast Kinder und einen Mann und bemerkst, daß das allein nicht dein Leben ist und es noch anderes für dich zu tun und zu leben gilt.

Es gibt kein Richtig, und es gibt kein Falsch. Es gibt nur so unendlich viele Aufgaben - so viele, wie es Menschen gibt. Und es geht darum, daß du deine ganz persönliche Form findest. Vielleicht völlig anders als die von Hunderten von Menschen um dich herum. Und habe den Mut, dir das zuzugestehen. Habe den Mut, dich über jegliche Moral, über jegliche Vorstellung und über jegliche Begrenzung zu erheben, um das zu verfolgen, was du möchtest. Genauso kann es für dich wichtig sein, in bestehenden Strukturen, in bestehender Moral, in bestehenden Vorstellungen deinen Weg zu finden, weil du dich nicht ausseinandersetzen willst, sondern dich mit dem, was ist, arrangieren möchtest, oder weil du innerhalb der Strukturen Veränderungen, Erneuerungen erwirken willst.

Sei wirklich ehrlich zu dir. Schau, wie du glücklich bist. Selbst wenn hundert Leute eine andere Vorstellung haben von dem, was dich glücklich machen sollte. Egal, was du tust, egal, was du willst - übernimm Verantwortung für dein Leben, für deine Aufgabe in diesem Leben. Wenn du sie nicht findest, wenn du sie nicht annimmst und wenn du sie nicht sehen willst, ist das absolut in Ordnung. Es gibt nichts, was dagegen einzuwenden wäre, wenn du die Verantwortung übernimmst und sagst: „Ich habe mich so und so entschieden, und ich möchte in diesen Begrenzungen leben."

Wenn du jedoch auf einen Prinzen wartest, auf eine Erlösung, und andere Menschen und die göttliche Energie für deine Begrenzung, für deine Situation verantwortlich machst und ihnen die Schuld gibst, dann bist du nicht frei und fühlst dich als Opfer und nimmst dein Leben nicht in die Hand.

In aller Deutlichkeit möchte ich an dieser Stelle noch einmal sagen:

> Du bist der Schöpfer deines Lebens und alles,
> was in deinem Leben passiert ist, und alles,
> was noch in deinem Leben passieren wird,
> ist deine Verantwortung und
> hast du dir selbst geschaffen!

Es gibt niemanden, der für dein Leben verantwortlich ist außer dir selbst. Übernimm Verantwortung für dich - nicht für die anderen, für das Leben anderer Menschen und für ihr Glück. Über-

nimm Verantwortung für dein Leben, für deine Lebensaufgabe, für dein Glück, für deine Gefühle in deinem Leben. Liebe dein Leben und liebe die Aufgabe, die du dir zu erfüllen gesucht hast. Du kannst sie annehmen und den Weg deiner Aufgabe gehen. Du bist frei, du kannst wählen.

Bei den meisten von euch ist es so, daß ihr ein übergeordnetes Lebensthema habt, eine übergeordnete Lebensaufgabe. Doch es steht nicht alles unumrückbar und unveränderbar fest. Ihr seid frei, und ihr habt immer wieder die Möglichkeit, euch zu entscheiden. Und je mehr ihr euch von alten Belastungen, von alten Erfahrungen gelöst habt, desto freier könnt ihr wählen, denn ihr werdet nicht mehr so bestimmt von euren Prägungen, die euch auf eine bestimmte Art und Weise reagieren lassen. Ihr werdet euch Schritt für Schritt freier fühlen zu tun, was ihr wirklich wollt, und die Möglichkeiten der Entscheidung werden zunehmen. Und so ist es oft nicht unmittelbar und ganz linear sichtbar, was ihr tun werdet, und so steht auch euer Leben nicht unumrückbar, unveränderbar geschrieben. Ihr habt einen freien Willen, und ihr könnt euch immer wieder entscheiden, was ihr tun wollt und was ihr nicht tun wollt. Ihr könnt bestimmte Weichen in eurem Leben so oder so stellen. Ihr seid nicht abhängig von einer göttlichen Kraft, die alles für euch vorbestimmt hat. Die göttliche Energie lebt in euch, und der freie Wille lebt in euch. Und so werdet ihr oft keine Antworten erhalten, die sich auf zwanzig, dreißig Jahre eures Lebens beziehen, sondern auf die nächste Zeit, denn je nachdem, wie ihr euch entscheidet, wird euer Weg ein wenig anders verlaufen. Eine grobe Linie ist vorgegeben, doch ihr seid frei, frei euch zu entscheiden; frei, den Weg der Liebe und frei, den Weg eures Herzens zu gehen.

Vertraue in dich. Vertraue in deine Kraft. Vertraue darauf, daß genau deine Energie, genau deine Art zu sein mit genau deinen Fähigkeiten in der Welt gebraucht werden. Du bist nicht zu klein, zu unvollkommen, um deine Aufgabe zu erfüllen, um in die Welt hinauszutreten und deine spezielle Energie und deine spezielle Schwingung zu verbreiten.

Genau d u bist gefragt,
genau d e i n e Energie
und genau d e i n e Fähigkeiten.

Selbst wenn es Hunderte von Menschen gibt, die eine ähnliche Aufgabe haben, eine ähnliche Ausrichtung, so lebt jeder diese in seiner ganz individuellen und speziellen Form, und es erlöst dich nicht davon, deine Form, deine Energie und deine Fähigkeiten in die Welt zu tragen und sie zu leben. Es hat niemand etwas davon, auch du nicht, wenn du dich klein machst und dich mit deiner Aufgabe und deinen Fähigkeiten zurückhältst.

Die Welt braucht nicht einen Bäcker,
die Welt braucht viele Bäcker;
die Welt braucht nicht einen Therapeuten,
die Welt braucht viele Therapeuten;
die Welt braucht nicht einen Ingenieur,
die Welt braucht viele Ingenieure;
die Welt braucht nicht eine gelebte Energie der Mütterlichkeit,
die Welt braucht viele Energien der Mütterlichkeit;
die Welt braucht nicht eine Energie der Ruhe und Geduld, die Welt braucht viele Energien der Ruhe und Geduld;
die Welt braucht nicht eine Energie des Erforschens, des Denkens und Erforschens;
die Welt braucht davon viele.
Die Welt braucht nicht eine gelebte Energie der Liebe;
die Welt braucht diese überall.

Die Welt braucht von all dem deine spezielle Form,
deine spezielle Art und Weise.
Und diese ist im ganzen Universum einzigartig.

So frage dich einmal: „Wie kann ich die Welt bereichern? Was ist meine Qualität und meine Stärke, und auch meine Schwäche?"

Und betrachte dich einmal mit den wundervollen Augen der be-dingungslosen Liebe und sieh von außen deine Einzigartigkeit, deine Fähigkeiten und deine Vollkommenheiten, die du in die-ses Leben geben kannst, die du in diesem Leben lebst und in diesem Leben in dir trägst, die du auch anderen Menschen schenken kannst.

Womit bereicherst du die Welt?
Was ist deine Aufgabe?

Und egal, wie sehr du dich dagegen sträubst, es besteht die Gesetzmäßigkeit, daß du einzigartig bist und daß du Fähigkei-ten und Energien mitbringst, die, wenn du sie fließen läßt, wenn du dich ihrer bewußt wirst und wenn du sie verschenkst, die Welt bereichern. Und weißt du, indem du dich liebst, deine Be-sonderheit und deine Einzigartigkeit anerkennst, ohne dich da-mit über andere Menschen zu erheben, wird unendlich viel zu dir fließen, wirst du ein reiches und glückliches Leben führen.
Du hast das Gefühl, am richtigen Platz zu sein, angekommen zu sein, zu Hause zu sein, weil du das tust, was dir entspricht. Das bedeutet: Weniger Anstrengung, mehr Entspannung, selbst wenn du mehr tust als vorher. Vieles wird selbstverständ-licher, entspannter und glücklicher.

Es scheint ein Licht in deinem Leben.
Es ist d e i n Licht, das leuchtet.
Es ist d e i n Licht, das dir den Weg zeigt.
Es ist d e i n Licht, das für dich und andere Menschen leuchtet.

So beginne zu erkennen: Jeder von euch ist einzigartig und ein Geschenk für eure Welt und für die anderen Menschen. Jeder von euch hat etwas Besonderes zu geben. Jeder von euch hat eine einzigartige Energie, die es zu leben gilt. Und da kannst du, so oft du willst, deine Augen verschließen und dich ver-stecken, es bleibt bestehen: Deine Energie und deine Fähigkei-ten sind einzigartig, und die Welt wartet darauf, daß du sie un-

mittelbar lebst und sie dem großen Ganzen zur Verfügung stellst. Es ist vermessen zu sagen:

„Ich bin großartiger und besser als alle anderen Menschen, ich stehe über anderen Menschen, weil ich bessere Fähigkeiten habe als sie."

Und genauso ist es vermessen zu sagen:

„Ich habe keine Fähigkeiten. Ich bin klein. Ich habe der Welt nichts zu geben."

Es ist genauso vermessen, weil du deine Größe und die göttliche Kraft, die in dir lebt, ignorierst. Du machst dich kleiner als andere, und damit erkennst du nicht an, daß ihr alle gleichwertige Geschöpfe Gottes seid.

In Demut und Liebe deine Aufgabe anzunehmen bedeutet, dir deiner Fähigkeiten bewußt zu sein und sie selbstverständlich zu leben und zu erkennen, daß du ein Kanal, ein Ausdruck göttlicher Energie bist. Du tust, was du zu tun hast, und bist nicht besser und nicht schlechter. Du bist der, der du bist. Dich besser oder schlechter als andere zu fühlen, entfernt dich von dem Einssein und der göttlichen Energie. Und gleichzeitig ist es in Ordnung, und gleichzeitig ist es menschlich, wenn du dich besser oder schlechter fühlst. Dein Weg zur Einheit führt jedoch in die Mitte, dort, wo ihr alle gleichberechtigt seid, wo ihr alle eins seid und jeder sein Leben und seine Aufgabe lebt und den anderen so sein läßt, wie er ist. Natürlich gibt es Unterschiede im Bewußtsein, natürlich gibt es Menschen, die auf ihrer Bewußtseinsstufe weiter entwickelt sind als andere. Das ist so und läßt sich auf dieser Ebene nicht ändern. Und trotzdem: Selbst wenn du eine weitentwickelte Seele bist und ein hochentwickeltes Bewußtsein hast, stehst du letztendlich nicht über den anderen. Du bist weiter entwickelt, und das ist alles. Und wenn du wirklich in dir ruhst und die Liebe in dir spürst, dann fühlst du, daß du vielleicht auf einer Ebene weiter entwickelt bist, aber daß der andere mit seiner speziellen Energie ein Geschenk für dich ist.

Auf einer anderen Ebene seid ihr alle gleich, sind wir alle gleich, sind wir alle eins. Die Liebe in deinem Herzen läßt andere Menschen so sein, wie sie sind, ohne sie verändern zu wollen, ohne

sie abzuwerten und ohne sie höherzustellen. Die Liebe in deinem Herzen sieht die Verbindung zwischen all dem, was ist.
Die Liebe in deinem Herzen läßt dich und den anderen sein; läßt euch frei und glücklich nebeneinander existieren. Die Liebe in deinem Herzen läßt dich und jeden anderen frei entfalten. Die Liebe in deinem Herzen zeigt dir den Weg deiner Aufgabe in deinem Leben. Gehe den Weg, bei dem du die Liebe in deinem Herzen fühlen kannst, wo du fühlst, hier kann ich mich lieben, hier kann ich mich entfalten und hier bin ich der Liebe in meinem Herzen nah.
Und frage dich: „In welchen Bereichen, kann ich die Liebe in meinem Herzen fühlen? In welchen Bereichen fühle ich mich glücklich und zufrieden und dem Göttlichen sehr nah? Was möchte ich in diese Welt tragen, den Menschen und dem Universum schenken?"
Je mehr du deine Aufgabe findest und das findest, was du tun möchtest, desto glücklicher und zufriedener wirst du in dir sein. Die Zweifel nehmen ab, und es stellt sich Gewißheit ein - Gewißheit, was zu tun ist. Gewißheit, welcher Schritt dein nächster ist. Und die Sicherheit, das zu tun, was für dich richtig ist, die Sicherheit, das zu fühlen, was dein Weg ist. Die Sicherheit, daß du das lebst und liebst, das du dir zu tun und zu sein gewählt hast.

Liebe, sie zu finden und zu leben, ist auch auf dem Weg deiner Lebensaufgabe ein wichtiger Faktor. Liebe ist eine gute Orientierung, und Liebe ist ein wunderbarer Motor, frei und glücklich zu sein. Betrachte dein Leben, betrachte deine Fähigkeiten, betrachte die Wege deines Lebens und frage dich: „Was möchte ich tun? Was macht mich glücklich?"
Es ist wirklich eine Zusammenarbeit, ein Zusammenwirken deines Vertrauens in die göttliche Energie, die dich führt, einerseits, und ein Zulassen deiner Wünsche und deiner Begeisterung und die Wertschätzung deiner Fähigkeiten in deinem praktischen Leben andererseits.

Lebensaufgaben, und seien sie noch so ungewöhnlich und bizarr, sind niemals abstrakt. Lebensaufgaben lassen sich im-

mer im konkreten Tun in deinem Leben verwirklichen, ganz praktisch, ganz unmittelbar. Setze Schritt für Schritt, und wenn der Schritt noch so klein sein mag und dir im ersten Moment unverständlich. Glaube an dein Ziel, an deinen Weg und an deine Führung. Auf der Suche nach den nächsten Schritten und den Aufgaben deines Lebens mache dich wirklich, soweit es geht, von deinen Vorstellungen frei. Öffne all deine Sinne und öffne dich selbst, die Antworten zu hören, die zu dir kommen. Du kannst dir selbst Hilfe sein, indem du einige der Fragen, die ich dir in diesem Kapitel zu diesem Thema schon gestellt habe, zuläßt und besonders auch deine eigenen Fragen, die du hast. Indem du dich einläßt auf Fragen wie:

„Was habe ich mir als Kind erträumt? Was würde ich gerne noch erledigen, wenn ich morgen sterben würde? Was sind meine wirklichen Wünsche? Was macht mir Freude in diesem Leben und wofür begeistere ich mich?"

Und daraus ergeben sich wieder neue Fragen, und so ist es ein Prozeß, ein Weg. Deine Lebensaufgabe zu leben, ist ein Weg. Es gibt kein perfektes Ziel. Deine Lebensaufgabe zu leben ist ein Weg, auf dem es immer wieder Hinweise und Botschaften geben wird. Und Schritt für Schritt wirst du zu mehr Klarheit gelangen. Mache dich auf den Weg, auf den Weg deiner Lebensaufgabe. Mache dich auf den Weg, dich und das, was dich in diesem Leben glücklich macht, zu finden. Mache dich auf den Weg, die Einzigartigkeit deiner Schwingung und deiner Energie zu erfahren. Und mache dich auf den Weg, deine einzigartige Energie der Welt zu schenken, indem du diese Schwingung lebst. Mache dich auf den Weg, dankbar zu sein für die kleinen Hinweise, die du tagtäglich erhältst. Mache dich auf den Weg, die Liebe in die Mitte deiner Lebensaufgabe zu stellen.

Liebe durchströmt dich.
Liebe umhüllt dich.
Liebe ist immer und überall.

Liebe deine Aufgabe in diesem Leben. Liebe dein Leben. Liebe dein Leben, und du erfüllst den Sinn deines Daseins auf dieser Erde. Liebe deine Einzigartigkeit mit all dem, was sie beinhaltet. Liebe ist die Kraft, die dich all das Wesentliche in deinem Leben erkennen läßt. Liebe ist die Kraft, die deine Augen öffnet, um das zu sehen, was wirklich ist. Liebe ist die Kraft, die dich dich selbst erkennen läßt. Liebe ist die Kraft, die dich dein innerstes Wesen und deine dir eigene Energie leben und erkennen läßt. So erinnere dich auf deinem Lebensweg an Liebe und Demut. Sie werden dir Hilfe auf dem Weg sein.

Liebe und Demut.
Liebe und Demut.
Demut und Liebe.

Abschied nehmen

Wir sind am Ende dieses Buches angekommen, und so möchte ich mit euch über das Thema Abschied sprechen.

Wir sind eine Beziehung, eine Begegnung eingegangen für eine bestimmte Zeit. Diese Begegnung geschah in der Form, indem ihr über die Lektüre dieses Buches mit meiner Energie eine Verbindung eingegangen seid. Eine Verbindung mit der Energie der bedingungslosen Liebe, die ich lebe.
Gleichzeitig ist diese Energie der bedingungslosen Liebe in jedem von euch existent. Die bedingungslose Liebe läßt alles so sein, wie es ist. Sie manipuliert nicht. Sie will nicht besitzen. Sie ist frei von Abhängigkeiten. Sie verschenkt sich, nur weil sie sich verschenken will. Sie fließt, weil sie fließen will. Die Energie der bedingungslosen Liebe ist eine unerschöpfliche Quelle. Und wenn ihr mit der Energie der bedingungslosen Liebe verbunden seid, könnt ihr mit mir und vielen anderen Wesen, die in bedingungsloser Liebe existieren, in Kontakt treten. Es ist eine Energie, die miteinander verbunden ist; Energie, die anzieht, die resoniert, eure Energie der bedingungslosen Liebe mit einer anderen Energie der bedingungslosen Liebe.

Und so sind wir eine Verbindung eingegangen. Wir sind und waren durch dieses Buch Partner auf dem Weg der bedingungslosen Liebe. Ihr habt das Gefäß gebildet, meine Energie und meine Botschaften zu empfangen. Ihr seid das Gefäß, um die Energie der bedingungslosen Liebe auf Erden zu verankern. Ihr habt die Fähigkeit und das Potential, Liebe ganz konkret in eurem täglichen Leben zu leben. Diese bedingungslose Liebe in eurem Alltag umzusetzen und zu leben, liegt im Bereich eurer Möglichkeiten und eurer Aufgaben. Ihr könnt sie in Bereichen und in Welten leben, die für mich und andere Wesen verschlossen sind. Insofern ist, indem ihr bedingungslose Liebe lebt, eure Hilfe unbeschreiblich wichtig. Wir sind Partner auf dem Weg der Liebe. Ich wie viele andere Wesen der bedingungslosen Liebe können euch behilflich sein und euch unsere

Liebe und unsere Energie zur Verfügung stellen. Wir können Unterstützung geben auf eurem Weg. Wir können die Energie der Liebe der Erde ein Stück näherbringen. Und dennoch, was wir mit euch gemeinsam bewegen und mit euch gemeinsam in Liebe erschaffen können, ist um vieles, vieles größer, als wenn wir alleine die bedingungslose Liebe mehr und mehr auf Erden verankern wollen.

Wir sind auf euch und eure Hilfe angewiesen, damit ein Netzwerk entstehen kann, ein Netzwerk der bedingungslosen Liebe. So wird die Energie der bedingungslosen Liebe durch alle Universen, durch alle Existenzen in einem kraftvollen Strom ohne Anfang und ohne Ende fließen können.

Wir sollten den Weg der bedingungslosen Liebe alle gemeinsam gehen, denn wir alleine können nicht das bewirken, können nicht das bewegen, was möglich ist, wenn wir mit euch bewußt Hand in Hand arbeiten. Auf einer Ebene sind wir alle Brüder und Schwestern. Wir gehören alle zusammen, und es ist wichtig zu begreifen, daß es auf jeden einzelnen Menschen ankommt -

auf d i c h, um dich an die Liebe
in deinem Herzen zu erinnern.

Und damit verankert sich mehr und mehr die bedingungslose Liebe auf der Erde. Ihr Menschen seid die Wesen, die auf der Erde leben, und ihr seid es, die Veränderungen bewirken können. Natürlich können wir helfen, natürlich sind wir als Unterstützung um euch herum. Die bedingungslose Liebe existiert immer und immer und ununterbrochen.

Die bedingungslose Liebe lebt in dir,
sie lebt in deinem Herzen,
so, wie sie in dem Herzen eines jeden Menschen existiert.

Ich bin euch dankbar, unendlich dankbar, daß durch die Verbindung zwischen euch und mir durch dieses Buch ein Teil meiner

Energie auf Erden verankert werden konnte. Und gleichzeitig wurde der Funke der bedingungslosen Liebe in eurem Herzen aktiviert, auf daß er sich ausbreiten und in der Welt und in eurem Herzen blühen kann. Ihr seid die Boten der bedingungslosen Liebe. Ihr seid die Schöpfer einer neuen Welt, einer Existenz der Menschheit in bedingungsloser Liebe.

Deine Liebe ist gefragt, und es wird gewünscht, daß du dich immer wieder an den Weg deines Herzens und deiner Liebe erinnerst. Und aus dieser Liebe, die du lebst, wird die Liebe anderer Menschen erweckt und berührt, einfach nur, indem du die Liebe deines Herzens lebst. Es ist ganz einfach: Wenn du die Liebe deines Herzens lebst, erinnerst du andere Menschen an die Liebe ihres Herzens, und diese Menschen haben die Entscheidung, ihre Liebe in sich zuzulassen oder sie zu leugnen. Selbst wenn sie sich für die zweite Möglichkeit entscheiden - hast du dennoch etwas durch das Leben deiner Liebe mit der Kraft deines Herzens bewirkt, daß es nämlich einen Augenblick und einen Moment gab, in dem sich ein anderer Mensch auch an die Liebe erinnert hat. Es ist nicht deine Verantwortung, was dieser andere Mensch damit macht. Aber begreife, daß die Liebe in deinem Herzen allein dadurch, daß du sie lebst, Großes bewirken kann, ohne etwas bewirken zu wollen.

*Wenn du die Liebe deines Herzens lebst,
werden andere Menschen davon nicht unberührt bleiben.*

Und dennoch sollte es nicht deine Ausrichtung sein, die bedingungslose Liebe deines Herzens zu fühlen, um auch andere Menschen ihre Liebe fühlen zu lassen. Es ist wichtig, daß du bei dir und wegen dir beginnst, daß du beginnst, deine Liebe zu leben, unabhängig davon, was diese Liebe bewirkt.

Indem ich euch meine Botschaften zukommen ließ und lasse, sind wir in einen Kontakt eingetreten, in eine Verbindung der bedingungslosen Liebe. Und ich bin erfüllt von großer Dankbarkeit dafür, daß ihr meine Botschaften lest. Ich bin erfüllt von Dankbarkeit für all die Zweifel, für all die Gedanken, Gefühle und Einsichten, die ihr möglicherweise durch diese Informationen erhalten habt. Besonders dankbar bin ich euch dafür, daß ihr mir durch die Lektüre dieses Buches behilflich seid, meine Energie ein wenig mehr auf Erden zu verankern.

Es ist mein Plan und meine Aufgabe, mehr und mehr mit euch in Verbindung zu treten. Ich bin auf diese Aufgabe vorbereitet worden, und ich mußte nach meinem Aufstieg in das Reich der bedingungslosen Liebe eine Schulung durchlaufen, um euch helfen zu können. Ich habe meine Aufgabe angenommen, und es ist kein Zufall, daß dieses Buch jetzt erscheint. Ihr werdet immer mehr die Möglichkeit haben, mit meiner Energie in Kontakt zu treten, mehr als es jemals zuvor der Fall war. Ich war schon immer in Verbindung mit den Entwicklungen auf der Erde, und dennoch war die Zeit noch nicht gekommen, die Verankerung meiner Energie in diesem Maße vorzunehmen.

Wie gesagt, der Zeitpunkt ist gekommen, und auch ein großer Mosaikstein auf diesem Weg ist das Übermitteln meiner Energie durch dieses Buch. Schritt für Schritt wird mehr von meiner Energie auf Erden manifestiert werden, und Schritt für Schritt werden die Menschen mehr von mir erfahren, werden die Menschen mehr und mehr mit mir in Kontakt treten können, so wie es mit einigen anderen Meistern schon der Fall ist.

Wie ich euch schon erzählte, habe ich auf der Erde gelebt und bin aufgestiegen in das Reich der bedingungslosen Liebe. Und so trage ich all die Erfahrungen menschlichen Seins und die Erinnerungen in mir. Und weil ich all die Schmerzen und all die Vollkommenheiten und die Schönheiten eures Lebens auf der Erde selbst erfahren habe, ist es meine Aufgabe, euch zu helfen, in euer Reich aufzusteigen; aufzusteigen in das Reich der bedingungslosen Liebe; aufzusteigen in ein Reich, das jenseits der Dualität liegt; aufzusteigen, um euch mit eurer Seele zu verbinden.

Es gibt einige Meisterwesen und Meisterseelen, die mit euch zusammenarbeiten, um euch bei eurer Entwicklung zu helfen. Und wir Meister arbeiten auch mit euch zusammen, um uns selbst weiterzuentwickeln, denn auch wir können erst zur göttlichen Quelle, zur göttlichen Energie in aller Konsequenz komplett zurückkehren, wenn jede Seele, wenn jeder Aspekt in allen Universen zur Liebe Gottes zurückkehrt. Auch wir sind also abhängig von eurer Entwicklung und von eurer Liebe, von der Entwicklung der Liebe in eurem Herzen. Auf einer Ebene sind wir auch von euch abhängig, und auf einer anderen Ebene sind wir es nicht, denn wir sind frei. Wir sind freie Wesen und existieren im Raum der bedingungslosen Liebe. Es ist ein Raum, in dem alles, was existiert, vollkommen und geliebt ist.

Und gerade die Meister, die auf der Erde gelebt haben und als Aufgestiegene Meister bezeichnet werden, haben eine spezielle Funktion in der Entwicklung eurer Menschheit. Es ist kein Zufall, daß wir Erfahrungen auf der Erde in einem Körper gemacht haben. Es ist kein Zufall, daß wir in der Dualität gelebt haben. Es ist kein Zufall, daß wir die ganze Palette menschlicher Gefühle und menschlicher Gedanken selbst erfahren haben. Und so sind wir Aufgestiegene Meister auch eng mit eurer Entwicklung verbunden, da wir das menschliche Sein in seinen Höhen und Tiefen selbst erfahren haben. Somit können wir euch eine bestimmte Hilfe geben, die anderen nicht möglich ist.

Doch auch die Meister und die Wesenheiten, die niemals auf Erden inkarniert waren, haben große Aufgaben und sind euch unendlich hilfreich. Sie haben zum Teil andere Aufgaben, einen anderen Zugang zu euch als die Aufgestiegenen Meister, so wie ich es einer bin. Ihre Energie ist zum Teil noch höherschwingend als die unsrige. Für die Meister und die Wesenheiten, die niemals als Menschen inkarniert waren, ist der Zugang zu euch durch die Energieverdichtung oft noch viel, viel schwieriger als für uns Aufgestiegenen Meister. Wir Aufgestiegene Meister können leichter eine Brücke zu euch bilden. Und manchmal bilden wir Aufgestiegene Meister auch noch Verbindungsglieder zwischen euch und noch höherschwingenden, zum Teil formlosen Energien.

Die Meister und auch alle Wesen von anderen Planeten, die sehr hoch und weit entwickelt sind, wir alle haben unterschiedliche Aufgaben und ein gemeinsames Ziel, euch und anderen Planeten bei ihrer Weiterentwicklung zu helfen. Und letztendlich helfen wir uns selbst, damit eines Tages, eines Morgens, die ganze Welt und alles, was existiert, zur göttlichen Quelle heimkehren kann. Aber das geschieht erst dann, wenn jede einzelne Seele zurückgekehrt ist.

Meine Welt und meine Energie und deine Welt und deine Energie sind sich begegnet, und das ist die Geburt einer neuen Energie und ihrer Manifestation auf der Erde. Egal, ob in Kontakt mit mir oder mit wem auch immer:

Die Liebe und der Weg deines Herzens sind wichtig und notwendig für dich, um dich zufrieden und glücklich zu fühlen und um dich frei sein zu lassen -
frei, um dich so zu entfalten,
damit du dich und dein wahres Selbst leben kannst.

Freiheit in all den menschlichen Begrenzungen ist möglich, indem du die Energie der bedingungslosen Liebe in deinem Herzen fühlst, indem du bedingungslose Liebe in deinen ganzen Körper, in jede Zelle deines Seins fließen lassen kannst.

Du existierst in deiner Energie und ich in meiner, und wir treffen uns in der Energie der bedingungslosen Liebe.

Wir sind ein Teil eines gemeinsamen Weges gegangen, und auf dieser Ebene des Kontaktes über dieses Buch werden wir gleich Abschied voneinander nehmen. Es ist ein Abschied, und dennoch bleibt unser Kontakt bestehen. Es ist ein Abschied von diesem Projekt, aber es kann ein Beginn sein neuer Begegnungen in und mit bedingungsloser Liebe, die nicht ausschließlich an mich oder irgendjemand anderen gebunden ist. Die bedingungslose Liebe existiert in allem, was ist. Und so wisset, daß selbst wenn der Kontakt zu Wesenheiten der bedingungslosen Liebe für euch eine Möglichkeit ist, euch an eure bedingungslose Liebe zu erinnern, so ist es nicht die einzige.

Die bedingunslose Liebe existiert in dir.
Um sie zu leben und zu fühlen,
brauchst du dich selbst und dein Herz,
dich selbst und deine Erfahrungen,
dich selbst und deine Liebe.

Wesenheiten aus anderen Dimensionen können dir Hilfe sein. Aber wenn du aus deiner Sichtweise den Kontakt zu ihnen nicht bewußt herstellen kannst und willst, gehe den Weg des Herzens, das ist der richtige. Der Kontakt zu uns ist e i n e Möglichkeit, aber sie ist nicht die e i n z i g e und muß nicht immer die b e s t e sein. Laß dich auch hier von der Stimme deines Herzens leiten. Es gibt so viele Wege, so viele individuelle Wege, die dich zu der Liebe in deinem Herzen führen.

Abschied nehmen von einem Kontakt, von einer Begegnung und von einer Situation in eurem Leben ist eine wichtige Erfahrung, ein wichtiges Thema, und oft ist es für euch eine sehr schwierige Erfahrung. Abschied nehmen ist für die meisten von euch mit großem Schmerz, mit Traurigkeit und innerem Absterben und mit der Angst des Loslassens verbunden.
Viele von euch haben in Verbindung mit Abschied große traumatische Erfahrungen gemacht, indem ihr verlassen wurdet, indem ihr in Streit auseinandergingt und indem ihr an Situationen festgehalten habt, bis sie so schmerzhaft wurden, daß ihr „gezwungen" wurdet, sie loszulassen.
Erfahrungen des Abschiednehmens sind schwer, traurig und belastend, wenn ihr zu lang an Altem festhaltet, wenn ihr den natürlichen Zyklus und den natürlichen Ablauf von Geborenwerden und Sterben unterbrecht oder ihn beeinflussen wollt.

Erinnert euch an die Abschiede eures Leben bis zu diesem Zeitpunkt: Erinnert euch an Situationen, in denen es euch schwerfiel, loszulassen und in denen ihr durch euer Festhalten großen Schmerz verursacht habt. Und dann erinnert euch an Situationen, in denen ihr loslassen konntet, voller Vertrauen in den Rhythmus des Lebens.

Welche Unterschiede könnt ihr zwischen diesen beiden Erlebnissen wahrnehmen? Was unterscheidet diese Situationen und euer Verhalten in diesen Situationen?

Wenn ihr die Natur betrachtet, dann könnt ihr die Phasen und die Zeiten der Wandlung sehen. Es wird etwas geboren, es wächst und lebt, und irgendwann stirbt es, und etwas Neues wird wieder geboren und dann stirbt es wieder, um neu geboren zu werden. Und so fort - es ist ein unendlicher Kreislauf. Ein unendlicher Kreislauf von Geborenwerden und Abschiednehmen. Abschied nehmen von etwas Altem, damit etwas Neues entstehen kann.

Es ist eine natürliche Entwicklung, ein natürlicher Fluß, dem es sich euch anzuvertrauen gilt. Und wenn ihr in diesen Fluß vertraut und in die göttliche Führung, daß alles, was geschieht, und alles, was ist, seinen Sinn hat, dann werden euch viele Schmerzen erspart werden. Es wird sich euch viel Neues und Wunderbares eröffnen und ihr werdet geführt sein von der göttlichen Kraft.

Ihr habt oft große Angst, wenn ihr etwas Altes loslassen müßt, sei es eine Beziehung, eine Erfahrung, eine Situation, oder sei es ein bekanntes Gefühl, denn das Alte ist euch vertraut. Und selbst wenn es euch nicht mehr dient, gibt es euch eine bestimmte Sicherheit und eine bestimmte Vertrautheit. Ihr wißt, was ihr habt, es ist euch bekannt und ihr glaubt, es einschätzen zu können. Und dem gegenüber steht aus eurem menschlichen Blickwinkel das Neue, das unbekannt und noch nicht so vertraut ist, dessen Ergebnis und Ausgang ungewiß ist, auch wenn einige positive Aspekte euch reizen und zu euch herüberblinken. Und oft müßt ihr das Alte loslassen, ohne das Neue zu kennen, denn würdet ihr das Neue so gut kennen wie das Alte, dann wäre das Neue ja schon wieder das Alte.

Und dann kommt oft ein Zeitpunkt an dem ihr das Alte loslassen müßt, ohne das Neue wirklich zu kennen. Und in diesem Moment vollzieht ihr eine Art Sprung ins kalte Wasser, aus eurem menschlichen Blickwinkel gesehen. Ihr habt Angst, wenn ihr springt und das Alte verlaßt - daß ihr weniger glücklich sein und eure Situation sich verschlechtern könnte. Das ist ein ganz wichtiger Moment, und dieser Moment erfordert das Vertrauen in die göttliche Kraft, in die bedingungslose Liebe und das Vertrauen darauf, daß ihr geliebt, gehalten und geführt seid und daß euch nichts passieren kann, weil die göttliche Kraft immer eure höchste Entwicklung und euer Wohl im Auge hat.

Wenn ihr auf die göttliche Kraft vertraut und darauf, daß sie euch hält und führt, dann könnt ihr voller Vertrauen das Alte loslassen und in das Neue gehen. Und auch dann werdet ihr vielleicht Angst haben und traurig sein, weil eure menschlichen Gefühle nun einmal in euch existent sind, und gleichzeitig werdet ihr wissen, daß ihr geführt seid und euch nichts passieren kann. Im Gegenteil, wenn es gerade euer Weg ist, etwas Altes loszulassen und Abschied zu nehmen, etwas Neues zu wagen und in eine neue Erfahrung zu gehen, in ein neues Gefühl, dann wird euch Größeres, Vollkommeneres erwarten, denn das Alte war zu einem anderen Zeitpunkt für euch vollkommen.

Und da ihr euch weiterentwickelt, gibt es viele neue Momente, in denen genau das Neue das ist, was zu diesem Zeitpunkt für euch richtig und vollendet ist. Es gibt nichts, was für euch zu jedem Zeitpunkt eurer Erfahrung gültig ist. Euer Leben ist eine Entwicklung, und euer Leben beinhaltet Zeiten der Wandlung, Zeiten neuer Erfahrungen und Zeiten, Altes gehen zu lassen. Alles ist eine Wandlung und ist eurer Veränderung und eurer Weiterentwicklung angepaßt. So kann es sein, wenn ihr zu sehr an Altem festhaltet und nicht genug auf die göttliche Kraft und das Versorgtsein durch sie vertraut, daß ihr euch Schmerzen bereitet, weil ihr nicht mit dem natürlichen Fluß und eurer Entwicklung geht und mit dem, was euer Innerstes und eure Seele sich wünschen.

Dein Innerstes ist offen für Wandlung, ist offen, sich weiterzuentwickeln und hat den Wunsch, sich zu entfalten. Dinge kommen und gehen. Leben und Abschiednehmen. Alles unterliegt der Wandlung. Alles unterliegt einem natürlichen Fluß und einem bestimmten Rhythmus. Und so unterliegt auch dein Leben Rhythmen und Wandlungen, und nichts, was gestern für dich gegolten hat und gestern für dich richtig war, muß heute noch richtig für dich sein.
Abschiednehmen und Loslassen ist tagtäglich von dir gefragt. Loslassen von alten Gedanken, von alten Sichtweisen, von vielem, was geboren wird und wieder stirbt. Abschied nehmen von einem Gefühl, das einen Moment da ist und dann auch wieder geht, damit ein anderes Gefühl kommen und dich auch wieder verlassen kann. In den kleinsten Dingen des Lebens, die so normal sind, ist Altes loslassen und Neues erschaffen ein selbstverständliches Unterfangen.

Übe dich in der Kraft und in der Fähigkeit, loszulassen; loszulassen von etwas Altem, was dir bekannt ist; loszulassen von all den Dingen, die dich behindern; und auch loszulassen von den schönen Erfahrungen, die, wenn du sie zu sehr festhältst, sich in etwas Fahles verwandeln und ihr Strahlen und ihre Schönheit verlieren. Auch das Schöne mußt du loslassen, auch von der schönen Erfahrung solltest du Abschied nehmen, denn es ist wichtig, daß du dich für eine neue Situation, eine neue Erfahrung öffnest, von der du auch später dann wieder Abschied nehmen solltest.

Erinnere dich: Ich sprach von der Fülle des Universums; ich sprach von dem Reichtum des Universums und der göttlichen Energie. Dazu gehört Schönes, aber auch Schmerzhaftes; es wartet so unendlich viel in diesem Universum an Neuem, Wunderbarem auf dich. Würdige das Alte, das dir gedient hat, das dich bereichert hat, sei es durch negative oder durch positive Erfahrungen. Die Dankbarkeit erkennt das Geschenk dieser Erfahrungen an dich an.

Und gerade die Dankbarkeit, die dich das Geschenk deiner Erfahrung erkennen läßt, ermöglicht es dir, auch diese Erfahrungen wieder loszulassen, denn in dem Erkennen, daß dir etwas geschenkt worden ist, liegt auch die Erkenntnis und das Wissen um die göttliche Kraft und das Vertrauen in sie. Und über das Vertrauen in die göttliche Kraft und das Versorgtsein und Gehaltenwerden durch sie kannst du all das, was dir gegeben wurde, gehen lassen, um dich einem neuen Moment zu öffnen, einer neuen Erfahrung, und um dich selbst, wie du gerade in diesem Moment bist, zu öffnen.

Abschiednehmen - Loslassen ist in jeder Zeit in deinem Leben vorhanden, in den kleinen alltäglichen Dingen wie auch in den großen übergeordneten Phasen:

- Abschied nehmen von der Kindheit, damit das Erwachsenwerden geboren werden kann und du eintreten kannst in eine neue Phase, in eine neue Welt.
- Abschied nehmen von deinen Eltern, um einzutreten in dein eigenes Leben, in das Leben deiner eigenen Familie.
- Abschied nehmen von den Freunden, von der Schule, von dem Kindergarten.
- Abschied nehmen von deiner Mutter, die du als Kind am Morgen verläßt, wenn du in den Kindergarten gehst, und zu der du am Nachmittag zurückkehrst.

Es sind all die kleinen und die großen Dinge deines Lebens, die davon geprägt sind - von Abschiednehmen und Loslassen, - sich für etwas Neues öffnen und in etwas Neues eintreten. Dein ganzes Leben unterliegt diesen Phasen; Begegnung und Loslassen; Erfahrung und Loslassen, Gefühl leben und es wieder loslassen. Abschied nehmen und loslassen und den Mut haben, etwas Neues zu beginnen, ist ein notwendiger Prozeß in deinem Leben.

Es ist auch aufregend, begeisternd und spannend, wenn du dich diesem Fluß des Abschiednehmens und des Neugeborenwerdens öffnest. Es ist eine spannende Reise; es ist wie das Reiten auf einer Welle, die sich auf und ab bewegt, und wenn du auf den Fluß des Lebens aufsteigst, wirst du getragen. Du wirst getragen werden durch all die Phasen deines Lebens und deiner Entwicklung. Loslassen und Abschiednehmen sind oft mit Trauer und mit Tränen verbunden. Abschiednehmen und Tränen als gesunder Ausdruck des Fließens und des Loslassens gehören zusammen. Sie gehören zusammen, müssen aber nicht automatisch miteinander verbunden sein. Tränen sind ein Ausdruck des Loslassens und ein Fließenlassen von Gefühlen.

Traurig darüber zu sein, das Alte loszulassen, das Alte, das euch gedient hat, euch bekannt ist und in dem ihr euch vielleicht zu Hause gefühlt habt, ist ein ganz natürlicher Ablauf. Meistens leben mehrere Gefühle in euch; die Traurigkeit über den Abschied, über das Loslassen eines Menschens, eines Gefühls oder einer Erfahrung - und auf der anderen Seite die Freude und die Neugierde auf das Neue. Doch zwischen diesen beiden Gefühlen liegt der Moment des Absprungs, wo ihr das Alte losläßt und das Neue noch nicht betreten habt. Und dieser Moment ist das Fallenlassen und Vertrauen in die göttliche Kraft. Und genau vor diesem Moment haben so viele Menschen Angst. Genau dieser Moment, weder in dem einem noch in dem anderen zu sein, ist das Verlassen der Dualität - und genau in diesem Moment ist eure Angst, wenn ihr nicht auf Gott vertraut, hinzufallen, nicht aufgefangen zu werden und euch zu verletzen. Und genau das passiert oft.

In dieser Übergangssituation, in der ihr besonders auf euch und die göttliche Führung vertrauen müßt, um loszulassen und das Neue zu betreten, könnt ihr die Erfahrung machen, gehalten und geführt zu sein. Und zur selben Zeit kann es, wenn ihr nicht auf euch und die göttliche Kraft vertraut, ein großer Schmerz sein. Ich weiß, wie schwer es für euch ist, zu vertrauen, eure Kontrolle aufzugeben und euch der göttlichen Energie hinzugeben. Es ist unendlich schwer für euch, euch fallen zu lassen, loszulassen und in einen Zustand einzutreten, in dem weder das Alte noch das Neue existiert; in dem ihr frei seid von allem, in dem ihr euch in den Mantel und die Wärme der göttlichen Kraft fallen lassen könnt und von ihr gehalten und beschützt werdet.

Diese Phase des Übergangs ist wirklich nicht einfach, und dennoch bietet dieser Moment eine wichtige und großartige Erfahrung. Begreift, nichts im Leben läßt sich festhalten. Altes loslassen und Abschied nehmen, um etwas Neues in euch und eurem Leben leben zu lassen, sind unumrückbare Faktoren. Die Phasen des Übergangs gehören zum Leben, und sie sind das Leben selbst. Und diese Phasen der Wandlung, des Abschiednehmens und des Loslassens eröffnen euch unglaubliche Möglichkeiten der Weiterentwicklung. Als Kinder bekommt ihr immer wieder Schuhe, aus denen ihr im Laufe der Zeit herauswachst. Eure Füße sind größer geworden, und die alten Schuhe passen nicht mehr. Diese Schuhe verschwinden aus eurem Leben. Ihr laßt diese Schuhe ganz selbstverständlich los. Eure Eltern lassen diese Schuhe ganz selbstverständlich los, denn es ist sichtbar, daß eure Füße größer geworden sind und nach einem größeren Paar Schuhe verlangen. Auch das sind Momente des Loslassens und des Abschiednehmens. Der alte Schuh geht und ihr tretet ein in einen neuen, größeren Schuh. Und so geht es weiter und weiter und weiter, der Fuß wird größer und ihr bekommt wieder ein neues Paar Schuhe, und auch von dem alten Paar Schuhe müßt ihr euch verabschieden, bis ihr irgendwann die Schuhgröße erreicht habt, die eurem ausgewachsenen Fuß entspricht. Doch selbst dann sind die Schuhe den Phasen der Wandlung unterworfen. Die alten Schuhe sind abgenutzt und ihr braucht ein Paar neue. Oder die alten Formen, die alten Farben eurer Schuhe gefallen euch nicht mehr, obwohl ihr sie irgendwann einmal wunderschön fandet.

Und so, wie dieses Beispiel der Schuhe, wo ihr ganz selbstverständlich die alten Schuhe losläßt und neue Schuhe kommen, genauso verhält es sich mit anderen Bereichen eures Lebens; mit Beziehungen, mit Gefühlen und Erfahrungen. Auch sie kommen zu euch, dienen euch einige Zeit, und dann solltet ihr sie loslassen, weil sie euch ab einem bestimmten Zeitpunkt nicht mehr dienen. Und es kommt etwas Neues zu euch und ihr betretet etwas Neues, das euch zu diesem Zeitpunkt viel mehr entspricht als das Alte. Das Alte war richtig für euch zu einem früheren Zeitpunkt, und das Neue ist richtig für euch zu diesem Zeitpunkt. Und so kommen und gehen die Dinge und die Erfahrungen. Manches bleibt lange, ein ganzes Leben, und manches kommt und geht stündlich. Und letztendlich ist alles dem Gesetz der Wandlung unterworfen.

Und wenn ihr euch dem Gesetz der Wandlung widersetzt, werdet ihr zur Wandlung gezwungen werden, denn es ist ein Gesetz des Lebens, ein Gesetz des natürlichen Ablaufs. Ihr könnt euch gegen diese Gesetze nicht widersetzen, und je mehr ihr euch sträubt und euch widersetzt, Altes loszulassen und es aufrechterhaltet, desto mehr werdet ihr veranlaßt werden, es gehen zu lassen, denn immer steht eure höchste Entwicklung im Vordergrund. Und wenn ihr an etwas Altem festhaltet und es nicht gehen lassen wollt, obwohl es euch nicht mehr dient - dann befindet ihr euch an einem Punkt, wo ihr euch eurer natürlichen Weiterentwicklung entgegenstellt und durch entsprechende Situationen und Erlebnisse zum Loslassen veranlaßt werdet.

Doch indem ihr euch so widersetzt, erzeugt ihr Schmerz - einen Schmerz, der nicht entstehen würde in dieser Art und Weise, wenn ihr euch dem Fluß des Lebens anvertraut und das Alte, wenn auch schweren Herzens und traurig, ziehen lassen und euch auf das Neue einlassen, in das Neue eintreten würdet.

Wenn du durch das Festhaltem von Altem Schmerz erzeugst, dann verstehe dies nicht als Bestrafung, die dir von außen zugefügt wird. Es ist nur das natürliche Gesetz von Ursache und Wirkung, denn wenn du gegen den natürlichen Fluß deines Lebens das Alte festhältst, kostet dich das natürlich Kraft und

Schmerzen. Wenn du in deinem Leben gegen den natürlichen Strom schwimmen willst, hast du auf Dauer letztendlich keine Chance.

Du mußt dir etwas Neues einfallen lassen und lernen, dem Fluß des Lebens zu vertrauen.

Es ist natürlich, daß ihr euch immer wieder dem Fluß des Lebens widersetzt, daß ihr an Altem festhaltet, weil ihr Angst habt. All das sind natürliche Gefühle, natürliche Erfahrungen eures Menschseins. Es gibt niemanden von euch, der sich ununterbrochen dem Fluß des Lebens hingibt. Ich möchte euch keinen Druck machen und auch kein Gefühl aufkommen lassen, daß ihr euch falsch verhaltet, wenn ihr an dem Alten festhaltet.

Am Alten festzuhalten ist eine Erfahrung, die im menschlichen Sein liegt. Mein Wunsch und meine Ziel sind, euch begreifen und erkennen zu machen, was dieses Festhalten um jeden Preis bedeutet. Und ich möchte euch daran erinnern, daß ihr euch Abschiednehmen und Loslassen um vieles erleichtern könnt, wenn ihr euch der göttlichen Energie anvertraut und darauf vertraut, daß alles zu eurem Besten geschieht und ihr von eurem Höheren Selbst und der göttlichen Energie geschützt und geführt seid.

Ich möchte euch einen Stern am Horizont zeigen, der leuchtet, der euch zeigt und euch begreifen läßt, wie die Gesetze und die Gesetzmäßigkeiten des Abschiednehmens und Loslassens und das Eintauchen und Betreten von etwas Neuem wirken. Somit habt ihr eine Orientierung.

Eine Orientierung sind auch die Erfahrungen, sind eure Erfahrungen, in denen ihr in einer guten Art und Weise loslassen konntet und voller Freude in das Neue eingetreten seid. Erinnert euch an diese Situationen, in denen es euch gelungen ist, in einer guten Art und Weise loszulassen und euch dem Neuen zu öffnen.

Wie sah diese Erfahrung aus und was hat dir geholfen? Rufe diese Situation in dir wach und die Energie, die dich in dieser Situation getragen hat. Und vielleicht ist es auch eine Hilfe für dich, dich an das selbstverständliche Herauswachsen und Wechseln deiner Schuhe in deiner Kindheit zu erinnern.

Es ist selbstverständlich, daß ihr, wenn eure Füße aus den alten Schuhen herausgewachsen sind, diese nicht mehr tragt und ein Paar größere, neue Schuhe bekommt. Und diese Selbstverständlichkeit des Loslassens und das Betreten eines neuen Status könnt ihr auf andere Dinge eures Lebens übertragen.

Und dann schau einmal dein Leben an: Wo gibt es Situationen, Gefühle und Ereignisse, die es lozulassen und von denen es Abschied zu nehmen gilt? Was kann dir helfen, diesen Abschied leichter zu nehmen?
Eine Möglichkeit ist sicherlich auch das Neue, wenn du es schon kennst, genau zu betrachten, die Energie des Neuen in dich einfließen zu lassen, die Schönheit und die Vollkommenheit des Neuen zu sehen und dich darüber zu freuen. Je mehr du dich auf das Neue freuen kannst, das Neue wertschätzt, desto leichter ist es für dich, das Alte loszulassen.
Schau dir einmal dein aktuelles Leben an. Wo hast du Angst, Abschied zu nehmen und loszulassen? Wo gibt es Bereiche, Gefühle und Situationen, die dir nicht mehr dienen und an denen du trotzdem festhältst? Und dann schau einmal auf deine Entwicklung zurück und sieh, wo du es unterlassen hast, Abschied zu nehmen. Schau, ob du wirklich erwachsen geworden bist und dich von der Rolle als Kind deiner Eltern verabschiedet hast? Ob du dich verabschiedet hast von der Anerkennung, die du vielleicht immer bei ihnen gesucht und nicht bekommen hast. Schau, ob du dich verabschiedet hast von dem Verhalten, dich selbst zu verleugnen, um ihre Liebe zu erhalten. Schau, ob du dich von den Rollen, die du als Kind im System deiner Familie gelebt hast, verabschiedet hast, um dein Leben zu leben.

Viele von euch haben etwas bei ihren Eltern vermißt und wollten irgend etwas anders haben. Und einige Menschen haben sehr schlechte Erfahrungen mit ihren Eltern gemacht und haben sehr wenig Liebe und Anerkennung erhalten. Sie kämpfen ihr ganzes Leben um die Liebe und die Anerkennung ihrer Eltern. Dies ist den meisten Menschen nicht bewußt. Und auch wenn euer Kontakt zu euren Eltern abgebrochen ist, findet in der Übertragung auf andere Menschen diese verzweifelte Suche nach Liebe und Anerkennung ihre Fortsetzung. So ist es nun meine Frage an euch alle, die ihr das eine oder andere vermißt habt:

Wollt ihr euer Leben darauf verwenden, eure Eltern oder in der Übertragung eurer Eltern auf andere Menschen das zu bekommen und das zu erhalten, was ihr erwartet habt?

Es ist wichtig für euch, Abschied zu nehmen: - Abschied zu nehmen von dem, was ihr euch gewünscht habt und was ihr glaubt, nicht bekommen zu haben. Es gilt, Abschied zu nehmen auch von den wunderbaren Dingen, die ihr von euren und durch eure Eltern erhalten habt. Es gilt, Abschied zu nehmen nicht nur von den schmerzlichen Erfahrungen, aber es gilt genauso, Abschied zu nehmen von den positiven Kräften und Erfahrungen, die euch eure Eltern mitgegeben haben.

Es gilt, dich frei zu machen und dich und deine Energien zu leben. Alles, was du von deinen Eltern bekamst, seien es negative oder positive Erfahrungen, waren ein Geschenk an dich. Deine Eltern haben dir das gegeben, was sie dir geben konnten. Und egal, was du bekommen hast, es ist ein Geschenk an dich gewesen, ein Geschenk auf deinem Weg, bestmöglichst zu lernen.
Du wähltest dir deine Eltern und die Erfahrungen, die du mit deinen Eltern machen konntest, und waren sie noch so schlecht. Es war deine Entscheidung, die du getroffen hast, und deine Verantwortung, die du übernommen hast, bevor du auf die Erde

kamst. Und so mache dich frei von all diesen Abhängigkeiten, die über die negativen und positiven Gefühlen zu deinen Eltern entstanden sind. Sie sind eigenständige Wesen, und sie gaben dir das Beste, was sie dir geben konnten. Du hast nichts mehr von ihnen zu erwarten, und du bist auch nicht verpflichtet, ihnen irgend etwas zu geben. Es ist ein freier Ausstausch. Deine Eltern sind dir zu nichts mehr verpflichtet, und du bist es auch nicht.

Ihr seid unabhängige Seelen, die ein Teil ihres Weges in ihrem Leben gemeinsam gehen oder gegangen sind. Laß all die alten Erfahrungen los, um dich zu öffnen für eine neue Begegnung; um dich zu öffnen für einen neuen Moment; um dich zu öffnen für dein wahres Wesen und das deiner Eltern jenseits aller Abhängigkeiten.

Damit meine ich nicht, daß du als Konsequenz keinen Kontakt mehr zu deinen Eltern haben und keine Verbindung mehr zu ihnen fühlen darfst. Nein, ich meine die Ebene, dich von alten Abhängigkeiten und alten Strukturen zu lösen. Schneide die alten Fesseln durch. Die alten Bande, die dir nicht mehr dienen. Zwischen dir und deinen Eltern laufen viele Energielinien, viele alte, massive und euch nicht dienliche Energielinien, die im Laufe eurer Entwicklung und im Laufe eures Erwachsenwerdens getrennt werden müssen, damit neue freie Energien leben können, die nicht nur aus Abhängigkeiten bestehen.

Es ist wichtig, daß du die alten massiven Energien, die sich im Laufe deiner Kindheit und deiner Jugend zu deinen Eltern aufgebaut haben, verabschiedest und erlöst. Diese massiven Energielinien waren für eine Zeit, in der du in diesem Familienverband lebtest, bis zu einem gewissen Zeitpunkt notwendig und gehörten zu dem Erlebnis deiner Erfahrung in dieser Familie. Doch deine Aufgabe ist es, dich Schritt für Schritt von ihnen zu befreien. Jeder neue Entwicklungsschritt ist ein Abschiednehmen, ein Abschiednehmen von etwas Altem und die Freude und das Erleben einer neuen Kraft und einer neuen Energie.

- Es gibt in der menschlichen Entwicklung besondere Übergän-
ge. So ist es ein Übergang, wenn ein Bruder oder eine Schwe-
ster nach dir geboren wird.
- Es ist ein Übergang, wenn du deine Eltern verläßt, um in den
Kindergarten zu gehen und dort anderen, dir zunächst fremden
Wesen zu begegnen.
- Und dann ist ein nächster Schritt, ein nächster Übergang, der
Eintritt in die Schule.
- Und so folgt dann ein Schulwechsel und die Pubertät usw.

Es gab und gibt viele Stationen in eurem Leben, wo ihr einen
neuen Abschnitt beginnt und von etwas Altem Abschied nehmen müßt. Und so gibt es an diesen markanten Stellen des
Übergangs Feste und Rituale - Taufe, Pubertätsriten, Hochzeit,
verschiedene Todesrituale, und viele andere Arten von Festen
und Riten - in eurer Tradition wie auch in anderen Traditionen,
in denen diese Übergänge gewürdigt werden. Und dennoch ist
ihre Bedeutung den Menschen, vor allem in eurer Gesellschaft,
oft gar nicht so bewußt.
Es wird sich oft nicht genug Zeit, nicht genug Muße und nicht
genug Aufmerksamkeit und Achtsamkeit genommen, um diese
Übergänge bewußt zu gestalten, um diese Übergänge zu feiern
und um bewußt das Alte loszulassen. Und bei vielen von euch
sind in eurer Geschichte diese Übergänge nicht wirklich vollzogen. Manche von euch haben sich niemals von ihrer Kindheit
verabschiedet, von dem kleinen Kind. Ihr lebt dann zwar in einem erwachsenem Körper, könnt vierzig oder fünfzig Jahre alt
sein, lebt aber in der Energie eines fünfjährigen Kindes, denn
ein Abschied, ein Loslassen hat sich nicht vollzogen.

Ihr könnt euch vorstellen, daß das Leben eines Menschen, der
fünfzig Jahre alt ist und noch immer die unerlöste Energie eines
Fünfjährigen in sich trägt, nicht wirklich glücklich sein kann.
Natürlich ist es schön, wenn ihr Kontakt zu dem Kind, das in
euch lebt, spürt. Das, was ich meine, ist etwas anderes. Es sind
unerlöste Geschehnisse und unerlöste Beziehungen, die euch

in einem Entwicklungstand halten, der nicht mehr aktuell ist und der euch nicht wirklich dient. Ein Erwachsener mit fünfzig Jahren kann nur glücklich sein, wenn er mit seiner Identifikation das Leben eines erwachsenen Menschens lebt. Und in diesem Bewußtsein kann er eintreten in die Energie eines Kindes, kann spielen und sich freuen. Und das ist eine wunderbare Erfahrung. Es ist wichtig, daß sich dieser fünfzigjährige Mensch frei entscheiden kann, in welchen Aspekt seines Selbst er gehen mag, und in seinem Bewußtsein begreift, daß er erwachsen ist.

Und so geh einmal die Phasen deines Lebens durch. An welchem Stadium hast du festgehalten? An welcher Zeit, an welcher Entwicklungsphase deines Lebens? An welchen Gefühlen und Erwartungen deiner Eltern an dich und auch an deinen Erwartungen an sie hältst du fest? Welche Bande hast du noch nicht losgelassen und noch nicht durchtrennt? Wenn nötig, kannst du auch jetzt noch bestimmte Prozesse nachholen. Dazu ist es wichtig, daß du erkennst, wo Energienlinien, starke energetische Bande und Abhängigkeiten bestehen. Zu welcher Zeit deiner Entwicklung? Zu welchen Menschen und zu welchen Situationen?
Du kannst dir auch bildlich vorstellen, wie du diese Energielinien und Energiebänder durchtrennst. Es gibt so viele Möglichkeiten, doch wichtig ist, daß du einen Weg findest, dich von diesen alten Strukturen, diesen alten Abhängigkeiten und Erwartungen zu lösen. Es ist wichtig, damit du frei und offen deinen Weg gehen und auf deine innere Stimme hören kannst. Es ist auch wichtig, um deine Lebensaufgabe zu finden und deinen Weg der Liebe zu gehen. Alle diese alten, nicht mehr dienlichen Verstrickungen halten dich davon ab, das zu tun, was es jetzt zu tun gilt, und das zu leben, was es jetzt zu leben gilt. Es gilt, Abschied zu nehmen und dich zu freuen, daß du, indem du diese alten Belastungen gehen läßt, dich mehr und mehr der göttlichen Energie und der Liebe in dir öffnen kannst. Für jede alte Erfahrung, sei sie positiv oder negativ, die du immer noch festhältst, kommen, wenn du sie gehen lassen kannst, viele neue Erfahrungen und Energien, die

dir hilfreich sind und dich auf deinem Weg voranbringen. Es ist ganz einfach, denn du hast dich von schweren Lasten und schweren Gewichten befreist. Du bist leichter und lichter geworden. Wenn die dunklen alten Belastungen sich aus deinem Körper, deinem Gefäß lösen und sich befreien, geben sie dem Licht in dir neuen Raum und neue Entfaltungsmöglichkeiten. Diese Energie des Lichts und der Liebe und des Vertrauens in Gott ist um vieles, vieles stärker und gibt dir um vieles mehr Halt. So gilt es, Abschied zu nehmen von deinen alten Mustern, von deinen alten Erfahrungen und sie loszulassen - wie immer sie aussehen mögen. Es gilt, dich zu öffnen für einen neuen Moment, für eine neue Erfahrung, die jenseits der Dualität und deiner Belastungen liegen.

Um dem Göttlichen zu dienen und die bedingungslose Liebe mehr und mehr leben zu können, ist es unumgänglich, dich Schritt für Schritt von altem Ballast und alten Erfahrungen zu befreien, dich zu befreien von all den Abschieden, die du bis jetzt vermieden hast und die damals zum natürlichen Fluß des Lebens gehört hätten. Und auch wenn du nicht zur gegebenen Zeit loslassen konntest, hat es dir gedient, und es gibt einen anderen Zeitpunkt, an dem du dich neu entscheiden kannst, den alten Ballast loszulassen. Jeder Moment trägt das Potential in sich, etwas Altes gehen zu lassen, sei es noch so lange her. Alle diese alten Dinge leben in dir und sind somit aktuell. Du kannst sie jederzeit hervorholen, um sie ziehen zu lassen und zu verabschieden. Es gibt keinen größeren Dienst, den du dir und der Menschheit erweisen kannst, als dich von deinen alten Abhängigkeiten, deinen alten Erfahrungen zu verabschieden. Die Zeit, dich von deinen karmischen Mustern zu verabschieden, ist günstiger denn je. Es ist deine Entscheidung, loszulassen, um dich selbst zu finden und deine göttliche Bestimmung zu leben. Es ist die Zeit gekommen, der zu sein, der du bist. Es ist die Zeit gekommen, dich an die Liebe in deinem Herzen zu erinnern. Es ist die Zeit gekommen, dich der göttlichen Kraft anzuvertrauen. Wenn du auf die göttliche Kraft vertraust, wird sie dir helfen, deine versäumten Erfahrungen des Loslassens nachzuholen. Du kannst dich befreien, jetzt und in jedem anderen Moment. Es ist die Zeit gekommen, dein Herz zu öffnen für all die Menschen um dich herum. Es ist die Zeit gekommen, klar und entschlossen deinen Weg nach Hause zu betreten, deinen Weg der Heimkehr zu Gott. Und auf diesem Weg ist es unumgänglich, immer wieder Abschied zu nehmen und loszulassen und dich neuen Energien zu öffnen.

Dasselbe gilt auch für die Energie der bedingungslosen Liebe. Du wirst immer wieder in die Energie der bedingungslosen Liebe eintreten können, und dann wird es Momente geben, in denen du die Energie der bedingungslosen Liebe losläßt und in eine andere Energie eintrittst. Und vielleicht trittst du ein in die Energie der Angst oder in die Energie der Aggression. Es bringt nichts, wenn du zwanghaft an der Energie der bedingungslosen Liebe festhältst und dich gegen deine Wut und gegen deine Angst wehrst. Gehe einige Schritte mit deiner Angst und mit deiner Wut, und dann wirst du dich wieder an die bedingungslose Liebe erinnern.

Alles ist ein Fluß: loslassen, Abschied nehmen, neugeboren werden und sich etwas Neuem öffnen. Du kannst diesen Fluß nicht unterbrechen. Alles folgt einer Gesetzmäßigkeit. Du kannst versuchen, diesen Fluß zu unterbrechen, aber es ist, wie ich schon sagte, als würdest du gegen einen Strom schwimmen und einen Kampf führen, der aussichtslos ist.
Gib dich hin dem Fluß des Lebens, dem Fließenlassen von Alt und Neu, dem Abschiednehmen und Neugeborenwerden. Löse dich von deinen alten Erfahrungen und öffne dich für einen neuen Moment, für einen Moment bedingungsloser Liebe, für einen Moment des Einsseines mit der göttlichen Kraft. Öffne dich für die Liebe in deinem Herzen und für all die Erfahrungen, die dir auf dem Weg deiner Lebensaufgabe gegeben sind.
Egal, was passiert, erinnere dich immer wieder an die Energie der bedingungslosen Liebe. Egal, wie weit du dich verloren hast

- der Funke Liebe existiert immer in deinem Herzen; du mußt dich nur erinnern. Sei gütig und sanft mit dir. Nimm dich so an, wie du bist in diesem Moment. Sei nicht so hart mit dir und lebe Güte und Mitgefühl mit deinen menschlichen Fehlern.

Ich liebe euch mit all euren menschlichen Unzulänglichkeiten, die gleichzeitig so vollkommen sind.

Und so langsam, Schritt für Schritt, nähern wir uns jetzt dem Ende dieses Buches. Und auch ich möchte Abschied nehmen von euch, die wir, mit diesem Buch über die bedingungslose Liebe, ein Stück des Weges gemeinsam gegangen sind. Es ist der Abschluß und das Loslassen einer bestimmten Phase, eines kurzen Stück Weges, den wir beschritten haben in dieser Form.

Und so bleibt offen, ob wir uns in anderer Form, zu anderen Projekten und in anderen Situationen wiederbegegnen. Wir können jederzeit miteinander in Verbindung treten. Doch dieser Moment und diese Phase des Zusammenseins in dieser Form sind beendet. Was bleibt, ist die bedingungslose Liebe, die ich zu euch mit der Kraft meines Herzens fühle. Was bleibt, ist die Dankbarkeit, die ich zu euch fließen lasse und all die Liebe, die ich in euren Herzen fühlen und sehen kann.

Ich bin tief berührt, wenn ich die Kraft eurer Herzen sehe, und wenn ich all die Liebe in euren Herzen sehe, die ihr zum Teil noch nicht sehen und nicht fühlen könnt. Die Liebe in euren Herzen ist unermeßlich groß. Die Liebe in euren Herzen wartet darauf, gesehen und gelebt werden zu können, ein kleines bißchen mehr jeden Tag, Schritt für Schritt. Und diese kleinen Schritte formen sich zu einem großen Ganzen, zu einem unendlichen Strom bedingungsloser Liebe.

Und in diesen Strom bedingungsloser Liebe und in dieses Feld bedingungsloser Liebe, das wir geschaffen haben, kannst du immer wieder eintreten. Du kannst eintreten in die Energie der Liebe, die in deinem Herzen lebt. Und wenn du die Energie deines Herzens lebst, wirst du viele Menschen auf tiefe Art und Weise berühren können. Sie werden tief berührt sein, weil du es bist, von der Liebe und von der Kraft der Liebe, die in deinem Herzen lebt.

Ich bin sehr glücklich und dankbar, Momente der Liebe mit euch erlebt zu haben und immer wieder erleben zu dürfen. Ich bin dankbar, wenn ich euch Menschen begegne in Liebe und wenn du und ich uns auflösen in einem einzigen Sein der bedingungslosen Liebe. Und diese Erfahrung der bedingungslosen Liebe ist unglaublich wertvoll. Nun, meine Wegbegleiter, nehme ich Abschied von euch.

Wenn ihr es mir gestattet, möchte ich jeden einzelnen von euch mit meiner Energie umarmen, mein Herz an euer Herz legen und meine Liebe mit der Liebe aus eurem Herzen vereinigen, um mich dann wieder von euch zu lösen und Abschied zu nehmen auf einer bestimmten Ebene, damit ihr frei seid und ich frei bin.

Abschied nehmen von unserer Beziehung und unserem Projekt und sie loslassen für diesen Moment. Abschied nehmen und loslassen, damit du frei bist von mir und meiner Energie und ich frei bin von dir und deiner Energie. Und gleichzeitig können wir uns immer wieder offenen Herzens und in freier Entscheidung über die Energie der bedingungslosen Liebe treffen.

Du und ich, wir sind nicht getrennt voneinander. Du kannst jederzeit eintreten in die Energie der bedingungslosen Liebe. Du und ich, wir sind eins: Und dennoch gilt es, auf einer anderen Ebene Abschied zu nehmen und loszulassen.

Loslassen. Loslassen. Loslassen.
Es lebe die Liebe.

Es lebe, die Liebe, die frei ist von allen Abhängigkeiten.
Es lebe die bedingungslose Liebe.
Liebe. Liebe. Liebe.
Es lebe die bedingungslose Liebe.

Und so seid gesegnet mit den Worten:

Lebe die Liebe auf Erden und lebe dich selbst so, wie du bist.
Die Liebe ist ewig und immerwährend.
Liebe. Liebe. Liebe.
Es lebe die Liebe.

Amen.

Lady Nada, die Botschafterin der Liebe

Ich möchte euch einige Informationen zu meinen Leben und Existenzen geben und zu meiner Energie.

Ich bin der Farbe Rosa und der Farbe Rot aufs Tiefste verbunden. Es gibt unterschiedliche Informationen darüber, ob ich dem rosa oder roten Strahl näherstehe.
Ich möchte euch dazu sagen, daß meine Hauptenergie über den rosa Strahl kommt. Auch der rote Strahl liegt in meinem Wirkungsbereich, denn in dem Rosa ist das Rot enthalten, und so kann es sein, daß ich manchmal auch den roten Strahl zu Hilfe nehme. Meine Energie und mein Wirkungsbereich der bedingungslosen Liebe laufen jedoch über den rosa Strahl. Ihr könnt euch mit dem rosa Strahl verbinden, um mit mir in Kontakt zu treten.

Zu meinen Inkarnationen möchte ich euch folgende Informationen geben:
Ich hatte nicht sehr viele Inkarnationen auf der Erde. Ich war Maria Magdalena*, die euch ja ein Begriff ist und deren Energien und Geschichten euch vielleicht vertraut sind.
Ich hatte fast ausschließlich weibliche Inkarnationen, die meiner Energie der bedingungslosen, alles umfassenden Liebe am nächsten und hilfreichsten waren. Meine anderen Inkarnationen waren sehr wichtig, sehr intensiv und sehr bewegend, aber ich kann euch keine Namen übermitteln, die euch heute noch bekannt sind.
In meinen letzten Inkarnationen hatte ich mich entschieden, dem Göttlichen zu dienen und die bedingungslose Liebe auf Erden zuleben, und ich habe sehr viel mit den Engeln der Liebe, Güte und Gnade zusammengearbeitet. Ich war ein Kanal, eine Brücke für die Energie der bedingungslosen Liebe auf Erden.

---

* Maria Magdalena, die von Gott geliebte Jüngerin Jesu, Patronin der Frauen.

Gleichzeitig galt es für mich, einige Bereiche des Menschseins lieben und schätzen zu lernen, was mir bis dahin noch nicht möglich war. Es galt für mich, alles in Liebe anzunehmen, was existiert, im Irdischen das Göttliche zu sehen und das unter den Menschen zu verbreiten.

Und so ist es meine Aufgabe - jetzt immer noch in einer anderen Dimension, mit einer weiter entwickelten Kraft und Stärke und mit einer Liebe, die sich ins Unendliche erhöht und vermehrt und mit einer Liebe, deren Kanal sich mehr und mehr geöffnet hat - euch auf Erden zu bereichern, mit euch auf Erden in bedingungsloser Liebe in Kontakt zu treten und euch bedingungslose Liebe zu lehren, auf daß ihr bedingungslose Liebe leben und sein könnt.

Erinnert euch an die rosarote Energie!
Erinnert euch an die bedingungslose Liebe!
Lebt die bedingungslose Liebe auf Erden!
Ich begleite euch in Liebe.

Nada

Zum Ausklang ...

Liebe Leserin, lieber Leser,

wie Nada schon übermittelte, gibt es tatsächlich verschiedene Informationen über die farbliche Zuordnung ihrer Energie zu einem Strahl.

Meine Wahrnehmung ihrer Energie, in Farbe übersetzt, ist eindeutig Rosa. Ihre wohl häufigste Zuordnung ist die zu dem rubinroten, sechsten Strahl. So weit liegen die Informationen letztendlich nicht auseinander, denn im Rosa ist das Rot enthalten. Viel helles, weißes Licht ins Rot gebracht, ergibt Rosa.

Auch ich nehme Rot in ihrer Energie wahr, doch in meiner Wahrnehmung fließt ihre Hauptenergie über das Rosa. Nachdem ich jetzt verschiedene Informationen über die Meister gesehen habe, gibt es zu einigen Meistern einheitliche Zuordnungen, bei anderen hingegen unterschiedliche Informationen.

Dem normal menschlichen Bewußtsein stellt sich nun die Frage: Was ist richtig? Was ist falsch? Wem soll ich glauben? Wer spricht die Wahrheit, wer nicht?

Ich möchte Ihnen mitteilen, was mir an anderer Stelle übermittelt worden ist und was ich mit meinen Erfahrungen aus ganzem Herzen unterstützen kann: Vergessen Sie nicht Ihre eigene Verantwortung, Ihre innere Stimme, und Ihre Wahrheit. Prüfen Sie alle Informationen, seien sie aus anderen Welten übermittelt oder nicht, mit einem wachen Verstand und mit einem offenen, liebevollen Herzen. Sie sind verantwortlich für das, was Sie glauben, und was nicht.

Betrachten Sie auch dieses Buch und die Übermittlungen von anderen Meistern nicht wie das Amen in der Kirche. Es sind Informationen, die Ihr Bewußtsein erweitern und in Ihrem Leben sehr wertvoll und bereichernd sein können, wenn Sie sich öffnen.

So wünsche ich Ihnen angesichts der wundervollen Vielfalt, die in unserer Welt existiert, einen wachen Verstand, ein offenes Herz, den Kopf im Himmel und die Füße auf der Erde, um Ihre Wahrheit zu finden und zu leben!

Barbara Vödisch

Über die Autorin

Barbara Vödisch war zehn Jahre als Tanztherapeutin in psychiatrischen und suchttherapeutischen Einrichtungen tätig. Ihre persönliche, berufliche und spirituelle Weiterentwicklung und Bewußtwerdung führte sie zu der Arbeit mit Rückführungen, Clearings, Körper, Chakren und Energiearbeit, Tanztherapie, Channeling und Prana Healing. Sie ist auch Aura Soma Beraterin und Lehrerin. In der letzten Zeit konzentrierte sich ihre Arbeit immer mehr auf die Übermittlung von Büchern und auf ihre Aufgabe als Tanz- und Energiemedium. Es ist für sie eine große Freude, jetzt auch Seminare in medialem Tanz anbieten zu dürfen.

Ihre Aufgabe ist es auch, Menschen zu helfen, sich ihrer göttlichen Essenz mehr und mehr bewußt zu werden und sich immer wieder vom Schleier der Dualität zu befreien und das Göttliche im Alltäglichen zu leben.

Sie gibt Seminare, Vorträge und Einzelsitzungen und ist über folgende Anschrift erreichbar (bitte Anfragen mit frankiertem Rückumschlag):

Barbara Vödisch
Postfach 13 33
83203 Prien

Barbara Vödisch hat im Smaragd Verlag bereits eine Reihe von Büchern herausgebracht – siehe folgende Werbung.

Barbara Vödisch
Sananda - Frieden jetzt!
168 Seiten, broschiert, ISBN 3-934254-76-4

Sehnen auch Sie sich nach Frieden in Ihrem Leben und vor allem in der Welt? Frieden ist, wenn es auch schwierig erscheint, hier und jetzt möglich! Wie das endlich wahr werden kann, zeigt uns Sananda aus dem Bewusstsein ewigen Friedens. Als Jesus der Christus setzte er sich auf Erden schon unermüdlich für Frieden und Liebe ein. Die Energie des Friedens ist In diesen Zeilen so präsent, dass Sie durch das Lesen allein mehr Frieden mit sich und der Welt finden können. Mit Meditationen und vielen praktischen Hinweisen.

Barbara Vödisch
Einssein mit Gott – das Ende jeder Suche
192 Seiten, broschiert, ISBN 3-934254-08-X

Mit überwältigender Intensität und Dringlichkeit über Wochen, von einer nicht beschreibbaren unendlichen lichten, in in allem enthaltenen Energie erfasst, empfing die Autorin innerhalb kürzester Zeit diese Durchgaben von „ES", göttliches Sein, das zu uns Menschen spricht, um uns zu helfen, die Einheit mit Gott zu erfahren.
Eins sein mit Gott ist nicht Erleuchteten in Indien, Mönchen oder Asketen vorbehalten. Es ist jedem Menschen zu jeder Zeit möglich.
Dieses Buch räumt daher mit Missverständnissen und Tabus auf und ermutigt und hilft dem spirituell erfahrenen, aber auch dem unerfahrenen und skeptischen Leser, aller Suche ein Ende zu machen und unendliches göttliches Sein, unendliche göttliche Liebe für immer gewahr zu werden.

Barbara Vödisch
Lady Nada – Meditationen der Liebe
128 Seiten, DIN A 5, Softcover, ISBN 3-934254-00-4

Für alle Menschen, die Lady Nada- Botschaften der Liebe mit Begeisterung gelesen haben und diese Botschaften praktisch in ihr Leben integrieren möchten.
Meditieren Sie mit Nada –
Meditationen zur Erinnerung an eine Existenz in bedingungsloser Liebe; für Liebe und Vergebung; Befreiung von Abhängigkeiten in Beziehungen; die Liebe zu sich selbst: für den inneren Frieden u.v.m. als Hilfe, uns daran zu erinnern, was und wer wir wirklich sind.

Barbara Vödisch
Sananda – die Neue Zeit ist jetzt
192 Seiten, broschiert, ISBN 3-934254-44-6

Sananda (auf Erden als Jesus Christus bekannt) gibt uns hier für diese Zeit großer Turbulenzen und Herausforderungen im Privaten wie im Weltpolitischen wichtige Hinweise, u.a. auch zum 11. September, zu Macht und Machtmissbrauch, zu den Indigo-Kindern sowie zu Ernährung und Krankheit. Er zeigt eindringlich auf, dass wir auf keine bessere Welt in der Zukunft warten sollen, sondern beschreibt, wie wir hier und jetzt wahren Frieden, die Vollendung finden können, mit Segenssprüchen, Gebeten, Meditationen und Affirmationen sowie zahlreichen praktischen Tipps.

Claire Avalon
Die Weiße Bruderschaft
EL MORYA: Was ihr sät, das erntet ihr!
256 Seiten, broschiert, ISBN 3-926374-59-4

EL MORYA, Aufgestiegener Meiser und Herrscher des Ersten Strahls, zeigt in diesem Buch über Karma sehr anschaulich, dass es keinen strafenden Gott gibt, sondern jede Seele für das verantwortlich ist, was ihr widerfährt und dass jedes noch so kleine oder große Problem seine Ursache hat. vor allem lässt er uns spüren, dass der Vater allen Seins mit unendlicher Liebe und Güte auf die Rückkehr jeder Seele wartet.
Auch für Therapeut/inn/en ein wichtiges Buch.

Claire Avalon
Wesen und Wirken
der Weißen Bruderschaft
128 Seiten, DIN A 5, Softcover, ISBN 3-926374-90-X

„Wie wir wurden, was wir sind –
Und wie wir werden dürfen, um zu sein."
Die Autorin vermittelt in einfacher und klarer Sprache den Aufbau der Großen Weißen Bruderschaft, einer rein geistigen Hierarchie für unsere Erde, und geht dabei weit zurück bis zu den Ursprüngen unseres Seins. Außerdem weisen die Aufgestiegenen Meister und Weltenlehrer, wie Jesus, Helios, Kuthumi, Maha Cohan, Maitreya, Sanat Kumara, anhand gechannelter Texte den Weg zurück ins Licht.

Barbara Bessen
KRYON
Neue Botschaften des Lichts
ca. 200 Seiten, gebunden, ISBN 3-934254-79-9

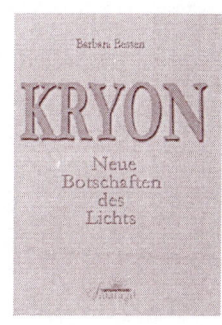

Nun ist es auch möglich, die Botschaften der Erzengel-
wesenheit KRYON direkt in deutscher Sprache zu hören
und zu lesen. Das Medium Barbara Bessen channelt seit
September 2002 die Worte der beliebten und bekannten
Wesenheit KRYON. KRYON gehört zur Familie der
Schwerter und ist direkt der QUELLE unterstellt. Die
Richtung des Magnetgitters der Erde ist eine seiner Haupt-
aufgaben gewesen, die im März 2003 beendet wurde.
KRYON ist weiterhin für uns da, um bekannte und neue Informationen an uns weiter-
zugeben – Botschaften, die wichtig sind für die Öffnung des Herzens, ohne die der
Eintritt in die Neue Energie und die Entwicklung zum Kosmischen Menschen nicht
möglich ist.

Ines Witte-Henriksen
St. Germain –
Die Violette Flamme der Transformation
144 Seiten, broschiert, ISBN 3-934254-58-6

St. Germain führt uns in die Arbeit mit der Violetten
Flamme ein, damit wir dieses kraftvolle Instrument der
Transformation für uns und andere im Alltag nutzen kön-
nen. Hilarion vermittelt Wissen über die grüne Heilflamme.
Seine Heilmeditationen im grünen Strahl bestärken uns
darin, uns für die eigene Wahrheit zu öffnen und unseren
inneren Bildern und Wahrnehmungen zu vertrauen. Das
Innere Kind erfährt Heilung durch das Mitgefühl der
Aufgestiegenen Meisterin Kwan Yin und die bedingungs-lose Liebe der Delfine. Die
Hilfe der Aufgestiegenen Meister wird durch dieses Buch für jeden praktisch erfahr-
bar.

Ines Witte-Henriksen
Einweihung
in die türkise Flamme von Atlantis
144 Seiten, broschiert, ISBN 3-934254-74-8

Aus der Blütezeit von Atlantis bringt uns die Engelwesen-
heit Amai das Geschenk der türkisen Flamme. Der
türkisfarbene Strahl ist eine Engelenergie, die zusätzlich zu
den zwölf göttlichen Strahlen den türkisen Farbstrahl zur
Verfügung gestellt wird, um uns direkt in die Neue Energie
zu tragen. Mit Sanftheit und Güte führt Amai uns zu unseren atlantischen Wurzeln, damit wir uns erinnern und unser
Potenzial von damals wieder nutzen können. Mit
wunderschönen Channelings, einfühlsamen Meditationen, Gebeten und Einweihun-
gen.

Manuela Torelli
SANANDA
Maria Magdalena – Meine große Liebe
144 Seiten, A5, broschiert, ISBN 3-934254-69-1

Sananda spricht in berührenden Worten und einer wunderschönen, etwas altertümlichen Sprache von seinem Leben in Atlantis und zu späterer Zeit als Jesus Christus, aber v.a. von seiner großen Liebe, die in beiden Inkarnationen nicht gelebt werden konnte/durfte. Mit großer Zuneigung, die in jeder Zeile zu spüren ist, erzählt er von Maria Magdalena, die als Seelenaspekt der Aufgestiegenen Meisterin Lady Nada unter uns weilt, und ihrer wichtigen Aufgabe, die sie noch zu erledigen hat, bevor sie den endgültigen Aufstieg in die Einheit machen darf.

Claire Avalon
Atlantis
Begegnungen mit den Wächtern von Eden
Arbeitsbuch 1 + 2
280 Seiten, geb., ISBN 3-934254-73-X (Buch 1)
296 Seiten, geb., ISBN 3-934254-87-X (Buch 2)

Diese Arbeitsbücher sind die praktische Umsetzung von „Die zwölf göttlichen Strahlen", in dem die Strahlen 1-3 bzw. 4-6 behandelt werden. Einfühlsame Texte und tiefgehende Meditationen der einzelnen Priester führen uns zurück nach Atlantis, wo wir frühere Aufgaben, Talente oder Tätigkeiten anschauen und die Erkenntnisse in den Alltag mitnehmen können. Die Priester richten sich liebevoll und in einer für sie verständlichen Sprache an Kinder ab etwa 10 Jahren, die hier Hilfe für sich und ihre Probleme finden, was dieses Buch so besonders macht. Ein wichtiges Buch für jeden und eine wunderbare Hilfe für spirituell aufgeschlossene Eltern, Erzieher und Lehrer.

Margit Steiner
Arbeit mit den Aufgestiegenen Meistern
120 Seiten, gebunden, mit Leseband
ISBN 3-934254-91-8

In enger Zusammenarbeit mit der geistigen Welt macht uns die Autorin mit den Energien der Aufgestiegenen Meister/innen vertraut. Erst nach einem behutsamen Reinigungsprozess treten wir durch eine Meditation in Kontakt zu dem jeweiligen Meister. Danach folgt eine Übungsphase von 21 Tagen, in der wir die jeweilige Energie in unser Leben integrieren, um dann, wenn gewünscht, mit dem nächsten Meister zu arbeiten.

„Wir sind dankbar für dieses wunderbare Geschenk der geistigen Welt, denn damit ist es für jeden möglich, Verbindung mit ihr aufzunehmen und diese zu pflegen."